Nongcun Gonglu Jiashiren Jiashi Xingwei Yanjiu

农村公路驾驶人驾驶行为研究

赵 亮 著

人民交通出版社股份有限公司

北 京

内 容 提 要

全书主要阐述了农村公路交通安全相关基础理论、实验设计及数据处理、驾驶人驾驶适应性特征、视距不良路段和通过村镇路段驾驶人驾驶行为特征，系统地分析了“公路安全生命防护工程”实施前后，农村公路复杂道路条件下驾驶人的信息认知规律、生理心理特性和操作行为特性。

本书可作为开设交通运输、交通工程、安全工程等相关专业的本科、专科院校教材，同时也可作为从事道路交通安全设计、安全管理等相关人员的参考用书，以及交通运输系统安全管理人员短、中期安全培训的教材。

图书在版编目(CIP)数据

农村公路驾驶人驾驶行为研究 / 赵亮著. — 北京：人民交通出版社股份有限公司，2021.9

ISBN 978-7-114-17533-6

Ⅰ.①农… Ⅱ.①赵… Ⅲ.①农村道路—机动车—驾驶员—行为—研究 Ⅳ.①U471.3

中国版本图书馆 CIP 数据核字(2021)第 146699 号

书　　名：农村公路驾驶人驾驶行为研究
著 作 者：赵　亮
责任编辑：崔　建
责任校对：赵媛媛
责任印制：张　凯
出版发行：人民交通出版社股份有限公司
地　　址：(100011)北京市朝阳区安定门外外馆斜街 3 号
网　　址：http://www.ccpcl.com.cn
销售电话：(010)59757973
总 经 销：人民交通出版社股份有限公司发行部
经　　销：各地新华书店
印　　刷：北京虎彩文化传播有限公司
开　　本：720×960　1/16
印　　张：8.75
字　　数：151 千
版　　次：2021 年 9 月　第 1 版
印　　次：2021 年 9 月　第 1 次印刷
书　　号：ISBN 978-7-114-17533-6
定　　价：39.00 元

前　　言

近年来，随着社会主义新农村的建设和“村村通”工程的实施，农村公路的通车里程迅猛增长。与此同时，我国农村公路交通事故频发，重特大事故多发、高发，而且呈上升趋势。道路交通系统是由人、车、路和环境构成的动态复杂系统，在这个系统中，造成道路交通事故的因素既包括车、路、环境等外在因素，也包括驾驶人等内在因素，而来自驾驶人的内在因素对道路交通系统的安全起着决定性的作用。驾驶人通过“感知—判断决策—操作”完成驾驶任务，在整个过程中任何感知的偏差、决策判断的失误和操作的失误都有可能造成道路交通事故。而我国农村公路技术等级偏低、道路线形复杂、交通安全设施缺乏、机动车和非机动车混行等现象严重，驾驶人在行车过程中往往承受着巨大的心理和生理压力，影响其对道路环境的正确感知，进而影响其驾驶行为，使得驾驶人做出错误的操作，导致交通事故的发生。

本书通过静态实验，分析了驾驶人的驾驶适应性特点，分析了农村公路交通事故成因，研究了农村公路的交通事故的生成机理。通过实车试验，探讨了驾驶人在农村公路视距不良路段和通过村镇路段时驾驶人的视觉特性、心率等心理和生理指标以及行车速度、转向盘转角的变化规律，通过定性和定量分析相结合的方法，研究了农村公路复杂环境对驾驶人心理和生理的影响，进而分析了农村公路驾驶人的驾驶行为特性，并通过对比“公路安全生命防护工程”实施前后驾驶人的驾驶行为特性的变化，评价了“公路安全生命防护工程”的实施效果，为今后农村公路设计、运营和养护做了一些探讨，为预防和减少我国农村公路道路交通事故的发生提供了理论依据。

本书的出版得到了山东省智慧交通重点实验室(筹)的支持，在此表示感谢。在本书的撰写过程中，参考了部分专家、学者的一些研究成果，在此表示衷心的感谢。由于笔者水平有限，书中错误和疏漏之处在所难免，恳请广大读者批评指正。

作　者

2021 年 7 月

目　　录

第1章 绪 论

1.1 研究背景与意义

农村公路是指纳入农村公路规划,并按照公路工程技术标准修建的县道、乡道、村道及其所属设施。近年来,随着社会主义新农村的建设和"村村通"工程的实施,农村公路的通车里程迅猛增长。截至2019年底,我国公路总里程已达484.65万km,其中农村公路总里程达404万km,建制村通客车率达99.45%、乡镇通客车率达99.64%。但与此同时,我国农村公路交通事故频发,重特大事故多发、高发,而且呈上升趋势。据相关统计资料显示,2006—2012年,全国发生了200多起一次死亡10人以上的重大交通事故,发生在农村公路上的就多达60余起。可见,我国农村公路的安全隐患突出,交通安全形势严峻。

与此同时,我国也开始了对农村公路的全面治理工作。2014年11月28日,国务院办公厅发布了《国务院办公厅关于实施公路安全生命防护工程的意见》(国办发〔2014〕55号),提出了三阶段的工作目标:2015年底前,全面完成公路安全隐患的排查和治理规划工作,健全完善严查车辆超限超载的部门联合协作机制,并率先完成通行客运班线和接送学生车辆集中的农村公路急弯陡坡、临水临崖等重点路段约3万km的安全隐患治理。2017年底前,全面完成急弯陡坡、临水临崖等重点路段约6.5万km农村公路的安全隐患治理。2020年底前,基本完成乡道及以上行政等级公路安全隐患治理,实现农村公路交通安全基础设施明显改善、安全防护水平显著提高,公路交通安全综合治理能力全面提升。同时,2016年4月20日,国务院常务会议决定实施"双百工程",其中任务之一是2020年前全面完成百万公里农村公路的改造和建设工程。可以看出,急弯陡坡等道路条件复杂路段是农村公路的事故高发区域。

道路交通系统是由人、车、路和环境构成的动态复杂系统,在这个系统中,造成道路交通事故的因素既包括车、路、环境等外在因素,也包括驾驶人等内在因素,而来自驾驶人的内在因素对道路交通系统的安全起着决定性的作用。在行车过程中,驾驶人通过感觉器官(眼、耳等)感知外界信息,对外界信息进行判断、分析,作出决策,最终通过驾驶行为表现出来,并不断修正驾驶行为。整个过程是一个动态闭环系统。

然而在整个系统中,驾驶人往往是导致交通事故的最主要原因。驾驶人通过"感知—判断决策—操作"完成驾驶任务,在整个过程中任何感知的偏差、决策判断的失误和操作的失误都有可能造成道路交通事故。而我国农村公路技术等级偏低、道路线形复杂、交通安全设施缺乏、机动车和非机动车混行等现象严重,驾驶人在行车过程中往往承受着巨大的心理和生理压力,影响其对道路环境的正确感知,进而影响其驾驶行为,使得驾驶人做出错误的操作,导致交通事故的发生。因此,研究农村公路驾驶人的驾驶行为,剖析农村公路交通事故的形成机理,对于全面提升我国农村公路的交通安全水平具有重要的现实意义。

1.2 国内外研究现状

1.2.1 驾驶行为特性研究

国外专家学者对驾驶人的驾驶行为特性进行了系统和深入的研究,早在20世纪60年代就已经建立起了较完善的驾驶行为模型体系,概括起来主要分为驾驶行为功能型模型和驾驶行为技能型模型,分别见表1.1和表1.2。

驾驶行为功能型模型　　表1.1

主要模型	代表性成果	优缺点
驾驶动机模型	Wilde 提出风险补偿模型	该模型强调动机是影响驾驶安全的决定性因素,但该模型混淆了群体和个体的差异,实际应用较少
	Naatamn 和 Summala 提出风险阈限模型	
	Summala 提出零风险模型	
	Fuller 提出风险回避模型	
信息加工模型	Broadbent 建立信息加工模型	该模型强调驾驶行为具有自动性和多资源性,但该模型由于缺少动机和情绪成分而受到质疑
	Scheider、Shiffrin 和 Fisk 提出驾驶行为中包含自动性和控制性成分	
	Wickens 提出多资源理论	
层级控制模型	Rasmussen 把人的行为分为技能基行为、规则基行为和知识基行为	该模型是驾驶行为模型的新探索,但该模型没有明确提出驾驶行为的控制机制
	Lehto 提出了第四级水平(判断基行为)	
	Michon 等人把驾驶认知控制过程分为策略、操纵和操作三个层级	

驾驶行为技能型模型 表1.2

类 型	代表性成果
纵向驾驶行为模型	非线性跟驰模型
	GM 扩展模型
	优化速度模型
	其他跟驰模型
横向驾驶行为模型	通用换道模型
	间距接受模型

另外,国外专家还开展了针对驾驶人性别、年龄、驾龄和人格特征等对驾驶行为影响的研究。Jonah 通过研究发现,年轻男性驾驶人驾驶行为的危险性明显高于其他人群。Aljanahi 等人通过分析道路交通环境与行车安全之间的关系发现,限速对行车安全有利。Ali S. Al-Ghamdi 通过分析 200 多起雾天的交通事故,发现任意变道是导致道路交通事故的主要原因。Borowsky 和 Ball 等人通过研究,发现老年驾驶人对外界信息的感知能力和行为能力都有不同程度的减退,老年人在处理突发事件时反应时间长、出错率高。英国交通安全研究部门通过跟踪大量新手驾驶人 3 年的道路交通事故数发现,新手驾驶人随着驾龄的增加事故率逐年降低。Brown 等人通过研究发现,新手驾驶人在行车过程中有低估交通环境潜在风险的倾向。Lev 等人通过比较经常违章的驾驶人与具有良好行车习惯驾驶人的人格特质,研究发现经常违章的驾驶人表现出高冲动性的特质。Brehemer 对驾驶人的驾驶行为和人为因素的影响进行了研究,发现缺乏驾驶能力和经验的驾驶人,驾驶犯错的可能性相对较大。同时,性别也会对道路交通安全产生影响。Brown 通过研究发现,驾驶人对危险因素的错误判断和对自己驾驶能力的高估是导致交通事故的主要原因。Beirness研究发现,驾驶行为与心理指标之间存在着显著的关系,驾驶人的压力是导致交通事故发生的主要原因。Smart 等人研究发现,在相同的条件下,女性驾驶人比男性驾驶人感受到的压力更大,因而得出女性驾驶人更容易导致交通事故的发生结论。

国内高校、科研机构的专家学者也高度重视驾驶人驾驶行为特性方面的研究,取得了阶段性成果。公安部交通管理部门通过统计分析发现,风险驾驶行为是造成交通事故的主要原因,详见表 1.3。

驾驶行为导致交通事故统计表　　　　表1.3

造成事故最多的五大驾驶行为类型	所占比例	造成死亡最多的五大驾驶行为类型	所占比例	造成受伤最多的五大驾驶行为类型	所占比例
拒绝让行/抢行	17.72%	加速踏板控制不当	28.10%	加速踏板控制不当	28.87%
超速行驶	9.92%	逆向行驶	14.00%	违反信号灯指示	17.27%
无证驾驶	5.76%	违反信号灯指示	12.27%	逆向行驶	9.22%
逆向行驶	4.38%	违规使用灯光	6.81%	违规使用灯光	6.81%
制动不当	3.74%	违法会车	5.40%	违法会车	5.29%

注:数据来源于公安部交通管理部门统计数据。

长安大学的李百川通过研究发现驾驶人冒险行为等导致交通事故的概率大,并建立了相应的模型。刘浩学等人通过研究26名驾驶人的人格特征与驾驶行为的关系,发现复杂反应指数和速度估计指数与驾驶人的攻击性、独立性和敢为性有较强的正相关性,并指出部分男性驾驶人有较强的攻击性,是事故多发人群。李凤芝通过研究发现,驾驶人的报复行为、紧张情绪和认知偏差等与攻击性驾驶行为显著相关。刘江通过分析不同气质驾驶人的行车速度,发现胆汁质驾驶人的行车速度最快,发生交通事故的潜在风险较大。戴彤焱和徐宁等人通过问卷调查形式研究了道路突发事件条件下驾驶人的行为特征,发现突发事件情况下驾驶人急加速或减速的情况比平时多,制动频率有所提高,强度有所加强。邢小亮等人通过研究高速公路路肩宽度对驾驶行为协调性的影响,发现过窄或过宽的硬路肩会造成驾驶人行为紊乱,增加发生交通事故的可能性。吉林大学的李扬对驾驶行为安全性指标表征方法进行了研究,建立了多属性决策驾驶行为安全性评价模型。

1.2.2 驾驶人视觉行为研究

早在20世纪30年代,国外专家学者就开始研究公路景观对驾驶人视觉特性的影响。代表性的人物有 Jeong Hun Mok, Harlow C Landphair, Naderi J. R., Berlyne D. E., Pierre Thiffault, F. J. J. M. Steyvers 等人,代表性的成果有 *Aesthetics and Psychobiology*, *An integrated approachtoenvironmental impact mitigation and safety management-case studies in the municipality of metropolitan*, *Delineating traffic safety benefits of travel way corridor landscape characteristics and landscape improvements*, *Landscape improvement impacts on roadside safety in Texas. Landscape and Urban Planning*, *Monotony of Road Environment and Driver Fatigue: a Simulator study*, *The Measurement of Road Environment Appreciation with a Multiscale Construct*

List。这些专家学者通过研究发现,公路景观对驾驶人的视觉特性有较大影响,主要结论为道路景观对视觉刺激太少或太多都对行车安全不利。

近年来,国外专家针对驾驶人视觉特性进行了深入研究。英国的 Peter Chapman、Geoffrey Underwood 和 David Crundall 等分别对城市道路、郊区道路等熟练驾驶人和非熟练驾驶人的视觉搜索特性、注视特性等进行了研究。美国的 Jane C. Stutts 研究了吸烟对驾驶人行车安全的影响,发现吸烟、将烟熄灭等动作都会对驾驶人的行车安全造成影响。S. Kirschenbaum 和 M. Sodhi 等人对驾驶人接电话、收听收音机等次驾驶任务对驾驶人的注意力分散情况进行了研究。Hiroyuki Shinoda 等人通过汽车驾驶模拟器研究了路边停车标志对驾驶人视觉特性的影响。法国的 Baujon 等人研究了在直线和弯道上职业驾驶人和非职业驾驶人的视觉感知特性,发现两类驾驶人的视觉感知特性有显著差异。Tomoki、Furuichi 等日本学者研究了驾驶人在不同线型道路上驾驶时的心率和眼动,并作了对比分析。法国学者 J. Baujon 对职业驾驶人与非职业驾驶人在曲线型道路和直线型道路上的视觉感行为进行了研究分析。荷兰学者 Wertheim, A. H 分析了驾驶人眼动角度,研究了驾驶人行驶时视力疲劳问题。安德伍德等人研究发现驾驶经验对驾驶人行驶过程中注视顺序有重要影响。

国内专家学者对驾驶人视觉特性的研究起步较晚,但在该领域也作出了很多重要的贡献。长安大学的刘浩学等人在《高速公路隧道群出入、口段驾驶人视觉特征》一文中,分析了驾驶人的视觉信息认知规律,研究表明在隧道群出、入口段驾驶人的视觉特征与单一隧道有明显差异。在《公路视错觉减速标线参数优化》一文中,依据视错觉减速标线作用机理,提出了变间距减速标线相隔距离的计算方法,研究结果表明,变间距减速标线的效果优于等间距减速标线。在《夜间动态环境中驾驶员空间距离辨识规律》一文中,对 32 名驾驶人在夜间不同距离、速度下辨识空间距离的规律进行了研究。研究结果表明,二元二次函数能很好地逼近空间距离辨识的规律,绝对距离辨识深度距离影响大,受速度影响较小;而相对距离辨识受深度距离影响小,受速度影响较大。

长安大学的郭应时、付锐等人研究了熟练驾驶人与非熟练驾驶人的视觉搜索模式,结果表明两者有着显著不同。同济大学的潘晓东、方守恩等人对逆光条件下交通标志的可视距离问题进行了研究。西南交通大学的张殿业对驾驶人动态视野与行车安全可靠度进行了研究,提出了动态视野可靠度与最大行车速度的关系。重庆交通大学的彭金栓在《自然驾驶条件下驾驶人换道行为实时预测》一文中,基于换道前驾驶人后视镜注视特性,提出了一种预测车道变换行为的方法,能提前 1.5s 预测驾驶人的换道行为。张嘉琦在《临近事故模型下驾驶人的视觉应激行为》中分析了驾驶人在高速公路和城市道路应激条件下驾驶人的视觉认知特性,研究表明在两种环境下,驾驶人的视觉行为较为灵活。

重庆交通大学的彭金栓对驾驶人行车时的视觉特性进行研究,基于此可提前对驾驶人将要进行的变道操作进行预判。王春雨记录了驾驶人在隧道不同路段的眼动参数,发现驾驶人在进入隧道和驶出隧道时注视特性有明显变化。吉林大学的张承标对冰雪道路上的驾驶人视觉特性进行了研究,发现冰雪道路发生交通事故的主要原因是驾驶人视觉感知错误,为冰雪道路行车安全评价提供了新的思路。长安大学的赵亮和刘浩学分析了农村公路复杂环境中新老驾驶人的视觉特性,发现老驾驶人视觉搜索模式更有利于行车的安全。昆明理工大学的石晨光等人分析了老年驾驶人在交叉道口的视觉特性,发现老年驾驶人的扫视幅度和扫视速度明显低于中青年驾驶人。内蒙古农业大学的李航天针对草原公路地形地貌特点,发现驾驶人在草原公路行车过程中所受到的视觉刺激少,这使得驾驶人更易进入疲劳状态。

1.2.3 驾驶行为监测和信息采集技术研究

国外对驾驶行为的监测和信息采集技术研究较早,取得了很多较理想的研究成果。德国的 Daimler-Ben 公司研究指出,如果能提前 0.5s 向驾驶人预警,可以避免 60% 的交通事故,提前 1s 发出预警可以避免 90% 的追尾事故。奔驰公司和欧洲多家汽车制造商于 1986 年共同制定了普罗米修斯(Prometheus)计划,主要功能是通过研发一种智能化装置来提醒驾驶人注意行车安全。澳大利亚的 Luke Fletcher 等人利用头部主动视觉和被动立体摄像头研发了一套驾驶人辅助驾驶系统,可以对驾驶人盲点、道路标志等进行监测。美国为了增强行车安全性,先后实施了“走向 21 世纪”(Mobility 2000)计划,建立了高速公路事件管理系统(FIMS)、紧急救助系统(ERS)等。佛罗里达大学利用差分全球定位系统(DGPS)设计了车辆行驶预警系统,该系统通过获取不同车辆的速度和位置信息,计算出车辆的最小制动距离,实时向汽车发出碰撞警告信息。明尼苏达大学 Nikolaos P. Papanikolopoulos 研发了一套驾驶人眼睛追踪和定位系统,通过追踪驾驶人脸部特征图像来监控驾驶人的疲劳状况。后来他对上述系统进行了改进,加快了系统处理图像的速度。

国内对驾驶行为的监测和信息采集技术的研究起步较晚,相关研究成果大都停留在理论层面上,研究成果较为零散。清华大学的研究团队开发了一套多功能车辆预警系统,它可以对营运车辆的运行状态进行检测并预警。重庆大学的易正俊提出了一套道路交通事故融合算法,通过检测驾驶人的驾驶行为,对道路交通事故进行检测预报。吉林大学的郭孔辉等人建立了一套最优预瞄纵向加速度模型,提出了稳态预测动态决策假说。山东理工大学的宇仁德等人提出了一套道路交通安全预测与预警系统,主要分为危机判定、道路交通预估预测、道路交通安全评价和报警等。深圳长途汽车公司的周鹏运用人体生理学、电子工程学等知识,研制了"驾驶人疲劳预防器",该设备佩戴于驾驶人的小腿和腕部,能在十几分钟至两个小时内消除驾驶人的疲劳。工程师董世衍研制了一种防止驾驶人打瞌睡的报警装置,通过红外线光电技术实现驾驶预警。东风汽车公司的于涛等人基于雷达和视觉技术,从理论上探讨了车辆前方行驶环境识别技术。岳亮在《一种基于双目视觉的安全车距测量方法》一文中,详细分析了如何对安全车距进行预警和制动。

1.2.4 小结

纵观国内外的研究现状,虽然国内外的专家学者开展了大量关于驾驶行为方面的研究,但仍然存在如下一些问题:

(1)驾驶人的驾驶行为复杂多变,但是目前的研究成果大多数是针对驾驶行为中的某一个指标或者某几个指标展开实验研究,现有的模型也只能解释驾驶人的部分行为特征。因此,应结合具体的驾驶环境与翔实的实验数据,全面分析驾驶人的驾驶行为。

(2)由于实验设备和实验条件等因素的限制,目前的很多成果都是在虚拟仿真环境中开展的,而且驾驶人行为模型大都缺乏可靠的数据支撑,研究结果的可靠性需要进一步验证。

(3)近几年虽然有些专家学者陆续在实际道路上进行相关实验研究,但从现有公开的研究成果来看,大部分研究成果都是针对高速公路、城市道路、隧道等环境下开展的,针对农村公路开展的相关研究较少。

因此,随着电子通信技术和生理检测设备技术的进步,以及我国"公路安全生命防护工程""双百工程"的全面实施和"以人为本"理念的倡导,有必要在实际农村公路上开展针对驾驶人行为的研究。

第2章 农村公路交通安全相关基础理论

2.1 基本概念与理论

2.1.1 农村公路

关于农村公路的概念,有很多不同的说法。有人定义农村公路为"通乡(镇)、通行政村的公路"。2018年交通运输部在《农村公路建设质量管理办法》中规定:"农村公路是指纳入农村公路规划,并按照公路工程技术标准修建的县道、乡道、村道及其所属设施。"

2.1.2 驾驶行为

《辞海》中对驾驶行为的解释是:驾驶行为是一个复杂的行为过程,涉及学科众多,头绪繁杂。目前国内外关于驾驶行为的研究主要集中在三个方面:一是从驾驶人的认知过程角度研究驾驶行为,依据刺激(S)—机体(O)—反应(R)的经典模式,将驾驶行为分为感知阶段、判断决策阶段和动作阶段;二是从驾驶行为结果角度研究,主要研究车辆的运行状态;三是从驾驶行为的执行过程研究,主要从所能观察到并能客观测量的刺激和反应(驾驶姿态、驾驶动作等)来研究。本书主要从驾驶人认知过程和驾驶行为结果角度来探究驾驶行为过程。

2.1.3 公路安全生命防护工程

为进一步保障人民群众出行安全,经国务院同意,决定自2014年起在全国实施"公路安全生命防护工程"。《公路安全生命防护工程实施技术指南》在实施原则中规定:坚持"以人为本、安全发展"的理念,区分轻重缓急,先行解决安全风险等级高的路段。其中针对现有三、四级公路,采用指标综合判断法进行排查。

(1)公路技术指标。公路技术指标包括圆曲线最小半径和圆曲线间最小距离、回头曲线中圆曲线最小半径和回头曲线间最小距离、最大纵坡、最小会车视距,详见表2.1~表2.4。

圆曲线最小半径和圆曲线间最小距离　　表2.1

设计速度(km/h)	40	30	20
圆曲线最小半径(m)	60	30	15
最小停车视距(m)	40	30	20
圆曲线间最小距离(m)	80	60	40

回头曲线中圆曲线最小半径和回头曲线间最小距离　　表2.2

主线设计速度(km/h)	40		30	20
回头曲线设计速度(km/h)	35	30	25	20
圆曲线最小半径(m)	40	30	20	15
回头曲线间最小距离(m)	200		150	100

最大纵坡　　表2.3

设计速度(km/h)	40	30	20
最大纵坡(%)	7	8	9

最小会车视距　　表2.4

设计速度(km/h)	40	30	20
最小会车视距(m)	80	60	40

(2)公路路侧指标。公路路侧指标包括路肩挡墙、陡于1:3的填方边坡、路侧陡崖或深沟高度大于一定值(一般为6～8m),或路侧一定距离(一般为2～5m)内有常水深0.5m以上的水体(含江河、湖泊、水库、沟渠)、干线公路、铁路等。

(3)公路环境指标。公路环境指标包括行人、自行车、摩托车、农用车或周边环境等对行车造成安全隐患,如:穿村镇、平面交叉、街道化、公路条件变化等。

2.2　农村公路分级

2.2.1　分级原则

《公路工程技术标准》(JTG B01—2014)中将公路划分为干线公路、集散公路和支线公路三种。在农村,县道和部分乡道起干线公路作用,乡道和部分村道起集散公路作用,村道和街道起支线公路作用。从技术水平看,农村公路一般为三、四级公路,因此,本书中一些研究指标的选取针对三级和四级公路。

2.2.2 不同等级公路设计速度及对应视距

根据交通场景的名称不同,可对行车视距作具体分类,见表2.5。

视距名称及定义　　表2.5

名　称	定　义
停车视距	驾驶人在行车过程中,发现前方存在障碍物的情况下,能够使汽车安全停在障碍物前的最小距离
会车视距	同一车道上有相向行驶的车辆时,驾驶人为了避免相碰撞而采取制动措施,使两车均停下的最小安全距离
超车视距	在双车道以及多车道道路上,后车超越前车时,从离开原车道时起,到能看到对面车道来车,超车后能安全驶回原车道,此时车辆沿道路行驶所需的最小安全距离

根据农村公路以三、四级公路为主的特点,本书列出了三、四级公路的设计速度和相应的视距,见表2.6。

公路等级设计速度对应视距表　　表2.6

公 路 等 级	设计速度(km/h)	停车视距(m)	会车视距(m)	超车视距(m)
三级公路	80	110	220	550
三级公路	60	75	150	350
三级公路	40	40	80	200
三级公路	30	30	60	150
三级公路	20	20	40	100
四级公路	80	110	220	550
四级公路	60	75	150	350
四级公路	40	40	80	200
四级公路	30	30	60	150
四级公路	20	20	40	100

2.3 道路交通系统

道路交通系统是由人、车、路(环境)构成的动态复杂系统。道路交通事故是在特定的交通条件下,人、车、路(环境)等诸多要素配合失调而发生的事件。在这个系统中,造成道路交通事故的因素既包括车、路(环境)等外在因素,也包

括驾驶人等内在因素。在行车过程中,驾驶人通过感觉器官(眼、耳等)感知外界信息,对外界信息进行判断、分析,作出决策,最终通过驾驶行为表现出来,并不断修正驾驶行为,整个过程是一个动态闭环循环系统(图2.1)。

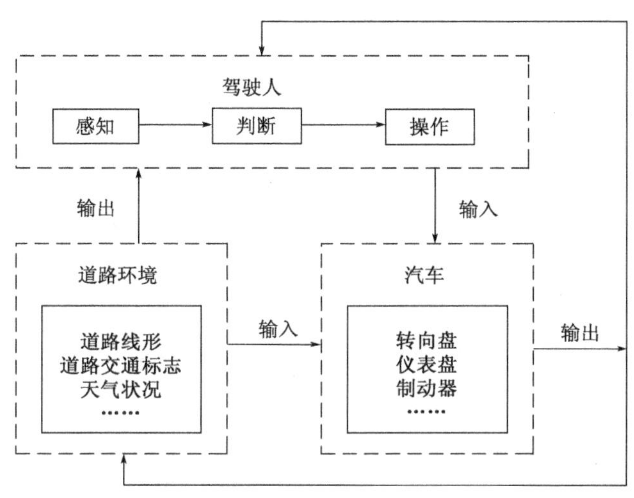

图2.1　道路交通动态闭环循环系统

2.4　人的因素

2.4.1　驾驶人因素

大量研究表明,在"人-车-路-环境"构成的交通系统中,驾驶人是最活跃的因素,对行车安全起主导作用,主要表现在以下几个方面。

(1)驾驶人认知特性规律。

在农村公路行车过程中,驾驶人通过视觉、听觉、触觉等感觉将道路上的车辆、行人、道路标志标线等信息传入大脑中枢神经系统,经过分析加工,作出相应的判断,然后通过手、脚等运动器官调整汽车在道路上的运动姿态。车辆通过上述过程把信息反馈给驾驶人,驾驶人不断接受来自车辆、道路和环境的信息,不断调整汽车行驶状态以适应新的道路环境,确保行车安全。

(2)驾驶人视觉特性。

驾驶人在行车过程中,90%的信息是通过视觉获得的。由于农村公路行车环境复杂多变,驾驶人除了观察前方道路上的车辆、行人状况外,还要不断通过后视镜观察后面路况及临近车道车辆超车等情况。另外,由于沿途的村镇、平面交叉口、视距不良等路段较多,这些路段机动车、非机动车、行人混行严重,往往会出现“信息过载”的情况。因此,需要驾驶人在行车过程中时刻保持精神高度集中,通过眼睛注视、扫视等行为及时从获得的大量信息中筛选有用信息。通过实时监测驾驶人的眼动特性,深入分析瞳孔直径变化、注视特性、扫视特性、眨眼次数等眼动指标,可以探究驾驶人在农村公路复杂道路环境中的视觉特性变化规律。

(3)驾驶人心理及生理特性。

从生理学角度看,驾驶人身体健康、驾驶技能正常、能准确从外界环境中获得有用信息,并能迅速作出反应,这是保障行车安全的前提。但是农村公路中道路线形复杂,急弯、陡坡等路段众多,甚至由于道路线形组合不当,会出现“暗凹”“断背曲线”等不良线形。从心理学角度看,在这样的道路上驾驶,驾驶人会产生不同程度的紧张,甚至是恐惧心理,并很容易产生疲劳。因此,通过实时监测驾驶人的心率变化、呼吸率变化等生理指标,可以探究驾驶人在农村公路复杂道路环境中的生理指标变化规律。

2.4.2 行人因素

在农村公路中,行人在交通事故中往往是被忽视的因素,但行人在交通事故中是最容易受到伤害的,同时也是引发交通事故的重要不安全因素。据调查,我国交通事故中行人死亡数约占全部交通事故死亡人数的25%。农村行人受教育程度参差不齐,对危险的认知与判断也不尽相同。不同的年龄段人群体现出如下差异。

(1)儿童。

一方面,儿童的注意力很容易被分散,他们通常在公路上打闹、追逐,忽视道路交通状况,容易引发交通事故。另一方面,儿童受身高、视野、视线等的限制,对距离的判断也不准确,这是引发交通事故的另一个重要原因。相关研究表明,在1~4岁的儿童中,60%以上会在没有确认安全的情况下穿越公路;在5~8岁的儿童中,此占比为30%左右。

(2)成年人。

成年人精力充沛、感觉敏锐,对交通安全认识的程度比较高,但是农村成年人遵守交通规则的意识不强,行走姿态随意改变,好胜心强,经常不甘示弱,如经常任意穿越道路、对汽车鸣喇叭置之不理、对过往车辆视而不见等,极易发生交通事故。

(3)老年人。

老年人虽然能认识到横过道路的危险,但是由于他们的运动能力下降,经常

不能安全横穿道路。研究表明，行人的步行速度平均值为1.03～1.28m/s。老年人步行速度缓慢，比其他年龄段的行人横穿道路的时间较长，发生事故的可能性增大。农村老年人的出行次数多，做农活、赶集一般都是步行；另外，农村老年人喜欢在公路上散步，很少注意周围道路环境的情况，很容易发生交通事故。

2.5　车辆因素

2.5.1　制动系统

制动系统对于车辆的行驶安全至关重要。在农村公路上，机动车和非机动车混行严重，行人随意过道路现象突出，驾驶人在行车过程中需要频繁制动来适应复杂的行车环境。尤其对于农村公路长大下坡路段，车辆制动会更加频繁，导致制动系统温度升高，制动效能下降，驾驶人心理紧张，影响行车安全。

2.5.2　转向系统

对车辆的转向操作是驾驶人最主要的驾驶行为。在行车过程中，驾驶人需要不断地调整转向盘来保证行车安全。在农村公路上，道路线形复杂、道路环境复杂多变，驾驶人接收到的信息多，在持续的视觉信息接收和加工过程中，驾驶人调整转向盘的频率增加，转向盘转角的瞬时变化也越来越快。尤其在急弯路段，在离心力的作用下，车辆易发生侧滑，行驶稳定性降低。同时，频繁转向会加剧驾驶人的心理紧张感，不利于行车安全。

2.6　道路条件和环境因素

道路是交通系统的基础设施，也是影响交通安全的重要因素之一。影响交通安全的道路因素主要包括不良道路线形及组合、平面交叉口、途经村镇等。相关资料显示，农村公路重大交通事故形态类型主要为碰撞、侧翻和坠车。道路交通系统是一个动态闭环系统，各因素之间相互作用、相互影响。而复杂的道路交通环境无疑使“人-车-路-环境”组成的系统更加复杂，更容易引发道路交通事故。因此，本书将视距不良路段和通过村镇路段作为主要研究对象，分析驾驶人在复杂道路条件下的驾驶行为特性。

2.6.1 道路线形及组合

农村公路在建设时，受到地形等条件的限制，公路技术等级偏低、线形设计和线形组合不合理，经常出现极限设计指标，造成驾驶人的行车视距不良，给后续运营造成很大安全隐患。农村公路的主要线形及组合方式包括：直线、单个急弯与连续急弯、一般陡坡与长大下坡、不良线形组合等。

(1)直线。

直线作为平面线形的三要素之一，最有利于汽车的安全行驶，因而在道路设计中被广泛应用。但农村公路由于地形条件所限，在进行道路设计时往往采用极限指标，对行车安全不利。直线的最大、最小长度指标见表2.7。

直线的最大、最小长度指标 表2.7

设计车速 V(km/h)			120	100	80	60	40	30	20
直线最大长度 $20V$(m)			2400	2000	1600	1200	800	600	400
直线最小长度(m)	同向曲线间	一般值 $6V$	720	600	480	360	240	180	120
		特殊值 $2.5V$	—	—	—	—	100	75	50
	反向曲线间 $2V$		240	200	160	120	80	60	40

(2)单个急弯与连续急弯。

农村公路受地形条件的影响很大，许多农村公路要穿过丘陵、山区地带，受设计标准的影响，在农村公路设计中经常采用急弯、连续急弯等，而且农村公路弯道处常有房屋、树木的遮挡，行车视距严重不足。当驾驶人开车通过弯道时，由于心理紧张，出现紧急情况时往往不知所措，以致作出错误的判断或采取错误操作，导致发生碰撞、侧翻等交通事故。尤其在“公路安全生命防护工程”实施以前，农村公路弯道处无线形诱导、路段警告等标志，弯道外侧的防撞护栏等级不达标或缺失等现象严重，坠车事故也时有发生。据相关资料显示，我国发生在平曲线路段上的交通事故占全部交通事故的7.84%，导致人员死亡的事故占比高达16.3%。

(3)一般陡坡与长大下坡。

农村公路陡坡路段对行车安全影响较大，坡度越陡、坡长越长，对行车安全越不利。主要体现在：上坡时行车速度虽然下降，但是视线受阻，视距不良；下坡时汽车制动频繁，容易造成制动蹄摩擦片发热而失灵，继而引发交通事故。另外，在下坡时，有的驾驶人为了省油，采取空挡滑行等方式，遇到紧急状况来不及采取措施,从而造成交通事故。据有关资料显示,在纵坡上发生的道路交通事故率偏高,见表2.8。

道路的坡度与交通事故率的关系　表2.8

坡度(%)	0~1.99	2~3.99	4~5.99	6~8
事故率(次/亿车·km)	46.5	67.2	170	210.5

(4)不良线形组合。

在我国道路设计过程中,往往过多地考虑汽车行驶动力学方面的因素,而没有充分考虑道路安全因素和驾驶人的心理和生理因素,经常孤立地确定道路几何尺寸,呆板地套用设计规范,导致设计人员设计出来的图纸"合法、不合理"现象突出。这种现象在农村低等级公路上反映得尤为明显,主要体现在以下几个方面:

①平曲线与竖曲线大小要素不均衡,使驾驶人失去视觉平衡,驾驶人的视线得不到诱导。

②凸形竖曲线顶部或凹形竖曲线底部插入小的平曲线,前者使驾驶人失去视线诱导,有悬在空中的感觉,使人心理紧张甚至产生不安全感;后者往往使人产生视错觉,导致盲目加速而产生事故。

③驾驶人视野内出现反复变化的平曲线或竖曲线线形,使线形不连贯,容易产生视线盲区或者视错觉,使驾驶人心理紧张,影响行车安全。

④容易出现断背曲线,使驾驶人产生视错觉,把路线看成反向曲线,导致驾驶人出现误操作,严重影响行车安全。

2.6.2　平面交叉口

平面交叉口是车辆、行人的聚集点和离散点,由于来自不同方向的车流存在直接冲突,因此是事故高发地点。农村公路平面交叉口众多,类型复杂,交通安全问题十分突出。据统计分析,农村公路平面交叉口主要的安全隐患就是视距不足。因此,保障平面交叉口行车安全最基本的条件就是要满足行车视距的要求,如图2.2所示。

2.6.3　通过村镇路段

相关资料显示,90%以上的建制镇有公路穿过。一方面,通过村镇路段的公路成为我国交通运输体系中重要组成部分,另一方面,随着我国城镇化步伐的加快,农村和农民原来的生活方式和生产方式也发生了很大变革,各种机动车、非机动车和行人混行严重，导致道路功能和条件不能满足安全行车的要求，有公路通过的村镇路段的交通安全形势严峻，交通事故数量有逐年上升的趋势。

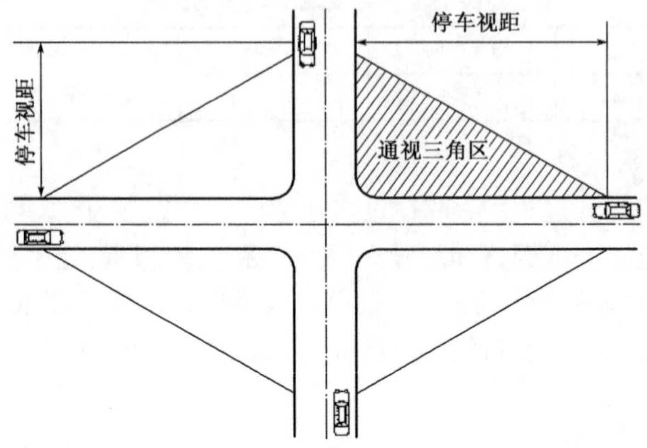

图 2.2 平面交叉口通视三角区示意图

2.7 本章小结

农村公路上影响驾驶人行车安全的因素有很多。本章根据农村公路行车环境的特点，结合“公路安全生命防护工程”的实施，从人、车、路和环境角度阐述了上述因素对驾驶行为的影响。

第3章 实验设计及数据处理

农村公路道路环境复杂,对驾驶人驾驶行为影响较大。从实验角度出发,分别在静态条件(室内实验)和动态条件(农村公路复杂条件下的行车实验)下,定性和定量分析驾驶人的生理和心理特性,研究驾驶人的驾驶行为特性。

3.1 实验目的

首先通过在室内进行实验,测试驾驶人在静态下的生理、心理状况,然后通过在实际农村公路上进行实车实验,记录"安全生命防护工程"实施前后,驾驶人在行车过程中的视觉特性参数、生理和心理特性参数、车辆运动参数等,定性和定量分析相关参数在复杂道路环境下的变化规律,获得在农村公路上驾驶人对信息认知和加工的相关结论,为农村公路设计、运营和养护提供理论基础。

3.2 实验人员选择

实验选择身体状况良好的驾驶人10名(男性驾驶人6名,女性驾驶人4名)。实验人员驾驶习惯良好,视觉机能正常,无生理缺陷,具体信息见表3.1。

实验人员基本情况表 表3.1

实验人员编号	性别	年龄(岁)	驾龄(年)	驾照等级	文化程度	对道路熟悉情况
1	男	29	7	C1	专科	熟悉
2	男	52	20	C1	中专	熟悉
3	男	45	15	C1	本科	熟悉
4	女	35	9	C1	专科	熟悉
5	女	24	5	C1	本科	一般
6	男	38	12	C1	专科	熟悉
7	男	30	9	C1	本科	一般

续上表

实验人员编号	性别	年龄(岁)	驾龄(年)	驾照等级	文化程度	对道路熟悉情况
8	女	33	5	C1	研究生	一般
9	男	36	10	C1	本科	熟悉
10	女	30	5	C1	专科	一般

3.3 静态实验设备

静态实验设备为“六合一”心理综合测试仪。

如图3.1所示，“六合一”心理综合测试仪具有转向盘、脚踏板、几个操作键以及显示屏等，以模拟驾驶的形式对实验人员进行检测，包括速度估计、复杂反应、操纵机能、人格测定、安全意识、危险感受6个测试项目。

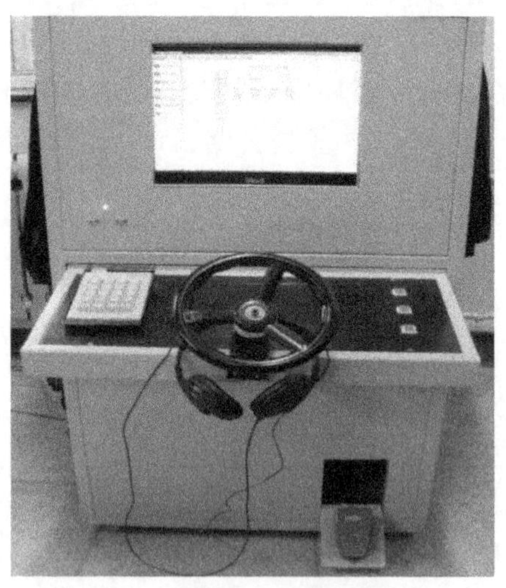

图3.1 “六合一”心理综合测试仪

3.3.1 速度估计

速度估计测试用户来检查驾驶人在运行中的速度估计能力以及过早或过缓的反应倾向。检查方法是：被试位置正对刺激屏幕0.5m，刺激屏幕上的光标小球以一定的速度自右向左移动，中途在盲区消失。实验人员需用眼睛跟踪光标的移动速度，要求实验人员根据自己认为小球重新出现时，估计小球能够过盲

区的时间,并同步按下手键“S”,以此反复6~8次,求出时间估计的平均值,由此对其速度判断能力给予评价。反应时间用数字(10进制)表示,以1/1000s为单位。共练习2次,测试6次所要时间。小球在盲区的实际移动时间为2.08s,如果实验人员前提按下“S”键,表示被试者性情急躁,容易发生交通事故。

3.3.2　复杂反应

复杂反应测试用于检查实验人员在复杂信息条件下的注意力分配能力、手脚协调能力以及相应的抵抗能力。检查方法是:在距实验人员0.5m处的屏上会定时、有序或随机出现黄、绿、红三色圆形光标,这三种色彩分别对应左手、右手和右脚反应键。当相应色标显示时,手或脚应通过工作台上、台下的按键在2s内作出相应的按键反应(倘若出现色标的同时有蜂鸣声出现则不应作出反应)。反应键中L对应左手,R对应右手,工作台下还有一个脚反应键。反应时间用数字(10进制)表示,以1/1000s为单位。被试练习4次后再测试16次,以其平均反应时间以及错误次数作为评价指标。

3.3.3　操纵机能

操纵机能测试用于检测实验人员在运动中的注意力分配、注意的持续性和稳定性。检查方法是:距实验人员0.5m处的屏幕上有同时移动着的红、绿色小方块。实验人员操纵圆盘控制显示屏上的两个箭头,使箭头避开移动着的红色小方块,且不能触及两边的界线。倘若出错,仪器会出现蜂鸣声并记下错误次数,根据错误次数对实验人员作出评价。

3.3.4　人格测定

人格测定是利用交通心理学相关知识,检测与安全有关的驾驶人人格特征,根据驾驶人的答案,得出驾驶人的人格特征并判断其驾驶风格。检查方法是:驾驶人根据屏上出现的问题,通过工作台上的数字键进行选择性回答。问题共48个,用“是”“否”回答。

3.3.5　安全意识

安全意识测试是通过系统性抽出与驾驶安全有关的驾驶态度题目,来检查驾驶人与安全有关的驾驶态度特征。检查方法是:驾驶人对屏幕上出现的问题,通过工作区上数字选择键(1:确实如此;2:似乎如此;3:不太像;4:的确不是)作出回答。根据回答结果对驾驶人作出评价。

3.3.6 危险感受

危险感受测试用于检查驾驶人对潜在的道路交通危害信息的认知能力和相应的行为准备。检查方法是:实验人员首先测试选择,然后连续观看屏上显示的两个连续的驾驶实况(前者10s,后者5s)。驾驶人对相应的屏上的问题,通过工作台上的数字键选择回答,共有3种场面6个画面,19个问题。实验人员回答完毕后,系统的每一项测试结果数据会自动保存到数据库中,且测试完毕都会有一段评语出现,说明驾驶人应注意的地方。

3.4 动态实验设备

3.4.1 眼动仪

本实验选用德国SMI公司生产的HED型iView X眼动仪(图3.2)。该仪器采样具有频率高、追踪分辨率高、追踪范围广、校准时间短等优点。同时,该产品误差小、质量轻、佩戴方便,符合室外实验要求。本眼动仪的技术参数见表3.2。

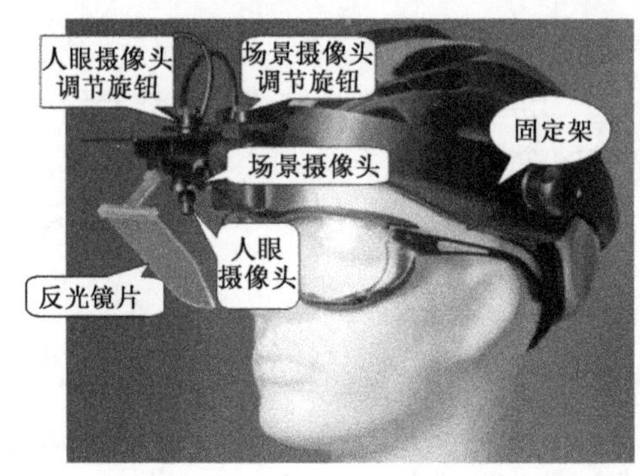

图3.2 HED型iView X眼动仪

HED型iView X眼动仪技术参数 表3.2

性能指标	技术要求
采样频率	50/60Hz
追踪分辨率	0~1°
凝视精度	0.5°~1°
追踪范围	水平方向:±30°
	垂直方向:±25°
质量	450g

3.4.2　动态多参数生理检测仪

本实验选用北京保迈科技有限公司研制的 KF2 型动态多参数生理检测仪(图 3.3),该仪器可以长时间检测实验人员在运动状态下的生理参数(心电、呼吸、体表温度、过载值)。同时,该设备具有体积小、质量轻、易操作等优点,符合室外实验要求。本动态多参数生理检测仪的技术参数见表 3.3。

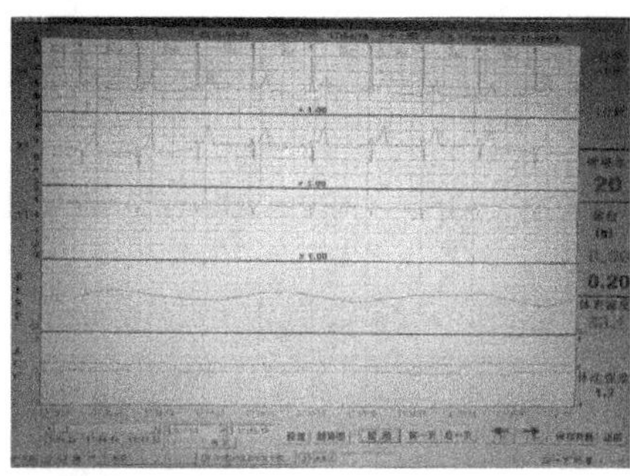

图 3.3　KF2 型动态多参数生理检测仪

KF2 型动态多参数生理检测仪技术参数　　表 3.3

性 能 指 标	技 术 要 求
心率	20 ~ 200 次/min
呼吸率	1 ~ 60 次/min
体表温度	30 ~ 42℃
过载(体动)测量	水平过载 -9 ~ 9G
	垂直过载 -9 ~ 9G
数据记录	MMC 存储卡
时间	连续记录≥24h
环境要求	温度:5 ~ 45℃
	相对湿度:≤80%
存储	温度:-20 ~ 55℃
	相对湿度:≤95%

3.4.3　转向盘转角测试仪

实验选用 SHXP-SAF-01 型机动车转向盘转向力-转向角检测仪(图 3.4),该仪器采用了高灵敏度的电子陀螺,可快速测定各种机动车辆的转向盘转角,并能将检测结果同步发送至电脑。本仪器具有转向角检测范围大(-3000° ~

3000°)、漂移小(不大于±1°)等优点,同时该设备体积小、质量轻、安装方便,而且安装好后没有任何外部连接线,符合室外实验要求。本转向盘转角测试仪的技术参数见表3.4。

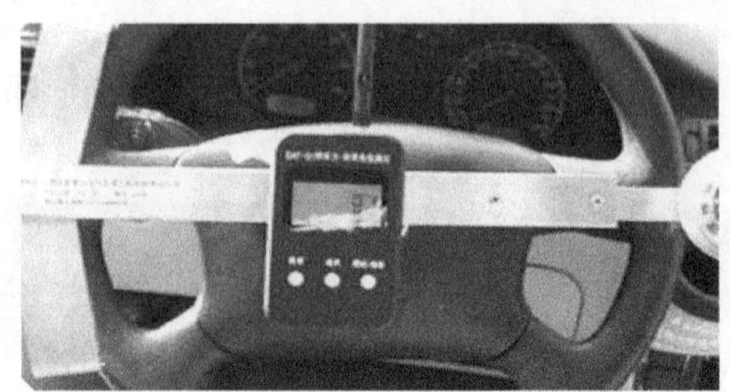

3.4 SHXP-SAF-01 型机动车转向盘转向力-转向角检测仪

SHXP-SAF-01 型机动车转向盘转向力-转向角测试仪技术参数 表3.4

性能指标		技术要求
转向角	转向角	−3000°~3000°
	分度值	1°
	重复性	3°
	示值误差	±3°
	漂移	不大于±1°
使用环境	温度	−10~55℃
	湿度	≤90%
	可测转向盘直径	360~660mm
	质量	1kg
	电源	2节AA电池

图3.5 实验用尼桑帕拉骐 SUV

3.4.4 实验车辆

考虑设备空间和实验需求,本实验选用尼桑帕拉骐 SUV(图3.5)。该车型驾驶室空间大,驾驶人视野良好,并方便驾驶人佩戴眼动仪。另外,该款车型行李舱空间大,方便放置实验仪器。

3.4.5 行车记录仪

本研究选用集思宝 G120 作为车辆行

驶速度的监控设备，该设备轻巧灵活、精度高，具有较高的抗干扰能力。

3.5 动态实验方案

实验人员佩戴眼动仪、多参数生理检测仪，主实验人员进行仪器的校准、安装转向盘转角测试仪等准备工作。仪器设备调试完成后，实验人员先在道路上行驶5～10min，熟悉实验流程和道路情况，消除紧张感，然后开始正式实验。实验人员往返行车为一次实验。整个实验过程中保持安静，禁止打扰实验人员。实验结束后，主实验人员取下实验仪器，记录并导出实验数据。一名实验人员测试完成后，下一名实验人员重复以上过程，直至实验全部完成。

3.6 动态数据处理

3.6.1 瞳孔面积变化率

当人在进行信息加工的时候，瞳孔面积会发生变化。瞳孔面积的变化幅度与信息加工时的心理努力程度密切相关。相关研究认为，瞳孔面积的大小能够反映实验人员对工作负荷变化的敏感度，当实验人员努力去看一个目标物时，瞳孔面积会增大。瞳孔面积变化率可按下式计算：

$$\overline{S}=\frac{|S_{\text{driving}}-S_{\text{station}}|}{S_{\text{station}}} \tag{3.1}$$

式中：$\overline{S}$——瞳孔面积变化率；

S_{driving}——行车时的瞳孔面积；

S_{station}——静止时的瞳孔面积。

3.6.2 注视特性

根据Crundall等人的研究，持续时间大于100ms的观看为注视。另外，Rayner根据注视过程中对注视信息加工的程度，将落在人眼视网膜的物体分为三个区域：中央窝视觉区、副中央窝视觉区和边缘视觉区。其中，中央窝视觉区的视觉敏感度最高，副中央窝视觉区次之，边缘视觉区最差。中央窝视觉区与注视点呈1°～2°的视角，副中央窝视觉区与注视点大约呈10°的视角，边缘视觉区包括除副中央窝视觉区以外的全部区域。

通常衡量注视特性常用如下指标。

(1)注视次数。

注视次数反映的是在一定时间内驾驶人所感兴趣区域注意的空间焦点。在视觉搜索中,驾驶人注视点数目的多少与观察者所需要处理信息的数目有关。当驾驶人注视目标物时,注视次数就反映了视觉区域中兴趣点被关注的程度。

(2)注视时间。

注视时间表示驾驶人在道路环境中行车时关注目标物所花费时间的长短,反映了驾驶人提取道路信息的难易程度,同时也是衡量注视区域信息内容和主观信息处理策略的标准。在驾驶过程中,对目标信息处理越困难,驾驶人的注视时间会越长。

(3)扫视特性。

根据 Crundall 等人的研究,持续时间小于 100ms 的观看为扫视。通常衡量扫视特性常用如下指标:

①扫视幅度。

扫视幅度是指驾驶人从一次注视结束到下一次注视开始之前眼睛跳跃的范围,扫视幅度可以有效衡量驾驶人的注意深度。如果驾驶人通过一次注视就能获得所需的信息,那么转移到下次注视时就可以跳过较大的距离,即扫视幅度大;而一次注视如果仅能获取到有限的驾驶信息,则紧随其后的扫视幅度就会很小。

②扫视速度。

扫视速度是指单位时间内驾驶人的扫视距离。扫视速度越大,视觉搜索的效率越高。因此,扫视速度可以有效衡量驾驶人在单位时间内获取道路消息的能力。

③扫视时间。

扫视时间反映的是视觉搜索过程中从一个注视点到下一个注视点的持续时间。扫视时间越长,表明视觉搜索范围内的信息量小,反之,表明信息量大。

3.6.3 心率变化率

心率是反映个体作业强度及生理负担程度的重要指标,其随着作业负荷的变化而变化。心率变化率可按下式计算:

$$\bar{y} = \frac{|y_{行车} - y_{静止}|}{y_{静止}} \tag{3.2}$$

式中:$\bar{y}$——心率变化率;

$y_{行车}$——行车时的心率;

$y_{静止}$——静止时的心率。

3.6.4　呼吸率

研究表明，呼吸率可以反映人体实时能量的消耗情况。随着工作负荷的增加，人体的呼吸率会增加。

3.6.5　转向盘转角变化率

驾驶人在行车过程中会通过不断调整转向盘来控制车辆的行驶方向。当道路条件良好时，驾驶人的操作较平稳；当道路条件复杂时，驾驶人调整转向盘的操作行为会变得频繁。转向盘转角变化率可按下式计算：

$$\theta = \frac{1}{n}\sum_{i=1}^{n}\frac{|s_{i+1} - s_i|}{\Delta t} \tag{3.3}$$

式中：θ——转向盘转角变化率；

s_{i+1}、s_i——转向盘不同时刻的转角；

Δt——采样间隔，取 0.5s。

3.6.6　行车速度

行车速度是衡量车辆运行状态最基本的参数。当道路条件较好时，驾驶人心理负荷较小，车速较快；反之，当道路条件复杂，驾驶人心理负荷增大，车速变慢。

3.7　动态实验中其他注意事项

(1)实验应选择在晴朗的天气条件下进行。为保证驾驶人精力充沛，实验时间选择在上午 9:00—11:30 和下午 2:00—5:00 进行。

(2)为了保证各实验仪器时间的一致性，实验开始前应对各仪器的时间进行校对。

(3)在实验正式开始前，需测量驾驶人静止状态的心率。

(4)整个实验过程中，车内保持安静，禁止与驾驶人聊天，减少不必要的因素对驾驶人心理、生理指标和操作行为的影响。

3.8　数学建模相关理论及算法

3.8.1　BP 神经网络基本原理及算法

BP 神经网络是以神经元为基本单元，通过模仿生物神经系统而发展起来的信息处理系统。系统具有 m 个输入的神经元,通过输入量 $p_i(i=1,2,\cdots,m)$ 与它的权值 $w_i(i=1,2,\cdots,m)$ 相乘,求和后形成激活函数 $f(\cdot)$,如图 3.6 所示。在训练过程中,神经元还会受到其内部因素的影响,因此在建模过程中,常常添加一个额外输入量 e,称为阈值(或偏差)。神经网络通过训练,不断改变内部权值和阈值,最终达到输出值与目标值误差最小的目的。BP 神经网络模型包括输入层、中间层(隐含层)和输出层,由输入层经中间层向输出层传播,输出的误差由输出层经中间层传向输入层,正向传播过程与误差反向传播过程反复交替进行,从而判定全局误差是否趋向极小值,如图 3.7 所示。由于 BP 神经网络非线性模拟能力较强,同时具有预测精度高、自适应能力强、自学能力强等特点,目前在交通安全预测中得到了广泛的应用。

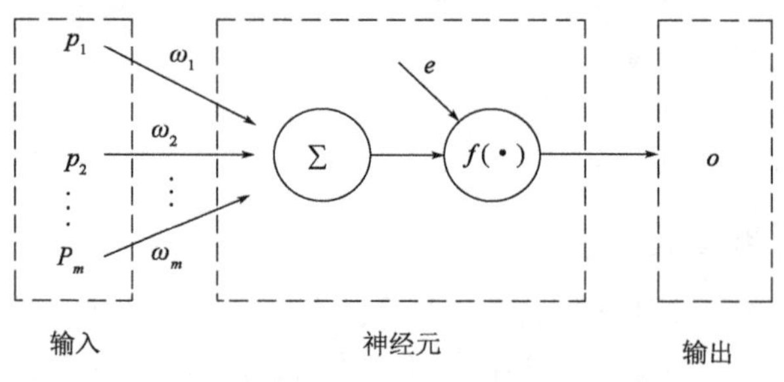

图 3.6 神经元模型图

(1)正向传播过程。

假设输入层有 $q+1$ 个输入量,i 表示任一输入量;中间层有 $p+1$ 个神经元,j 表示任一神经元;输出层有 o 个输出量,k 表示任一输出量;v_{ij} 表示输入层与中间层的权值($i=0,1,2,\cdots,q;j=1,2,\cdots,p$),$v_{0j}$ 表示中间层阈值;u_{jk} 表示中间层与输出层的权值($j=0,1,2,\cdots,p;k=1,2,\cdots,o$),$u_{0k}$ 为输出层阈值;中间层的输入量为 I_j,输出量为 y_j;输出层的输入量为 I_k,输出为 z_k;网络输入样本为 X_r,m 为迭代次数。过程如下:

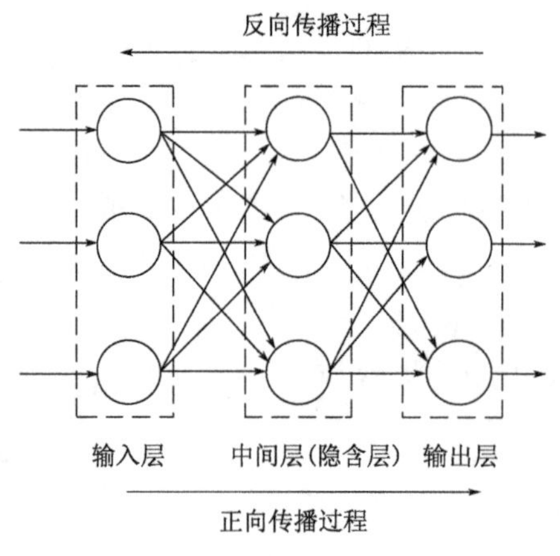

图 3.7 BP 神经网络示意图

$$I_j=\sum_{i=0}^{q}v_{ij}x_{ri}\qquad (j=0,1,\cdots,p)\tag{3.4}$$

$$y_j=f(I_j)=f\left(\sum_{i=0}^{q}v_{ij}x_{ri}\right)\qquad (j=0,1,\cdots,p)\tag{3.5}$$

$$I_k = \sum_{j=0}^{p} u_{jk} y_{rj} \qquad (k = 1,2,\cdots,o) \tag{3.6}$$

$$z_k = f(I_k) = f\left(\sum_{j=0}^{p} u_{jk} y_{rj}\right) \qquad (k = 1,2,\cdots,o) \tag{3.7}$$

当输出层神经元总误差能量低于期望精度时,计算结束;否则,反向传播。

(2)反向传播过程。

网络的实际输出与期望输出之间的差值为误差,在误差反向传播的过程中,通过权值的不断调整,使网络的输出值逐渐接近期望值。过程如下:

$$\Delta u_{jk}(m) = -\eta \frac{\partial E(m)}{\partial u_{jk}(m)} \tag{3.8}$$

$$u_{jk}(m+1) = u_{jk}(m) + \Delta u_{jk}(m) \tag{3.9}$$

$$\Delta \nu_{ij}(m) = -\eta \frac{\partial E(m)}{\partial u_{ij}(m)} \tag{3.10}$$

$$\nu_{ij}(m+1) = \nu_{ij}(m) + \Delta \nu_{ij}(m) \tag{3.11}$$

如果样本数据的量纲不同,则在对网络进行训练之前,须对样本数据进行归一化处理,加快网络学习和计算的收敛效率。

3.8.2 最小二乘法原理及算法

在科学实验中,经常从一组实验数据出发寻找函数的一个近似表达式,由于实验数据存在误差,通常根据“偏差平方和最小”原则来选取拟合曲线 $y=f(x)$,表达式如下:

$$f(x) = a_0 + a_1 x + a_2 x^2 + \cdots + a_n x^n \qquad (n < m) \tag{3.12}$$

根据给定的数据$(x_i, y_i)$$(i = 1,2,\cdots,m)$,确定系数 a_i 使各点的偏差平方和最小,即:

$$\begin{cases} a_0 + a_1 x_1 + a_2 x_1^2 + \cdots + a_n x_1^n = y_1 \\ a_0 + a_1 x_2 + a_2 x_2^2 + \cdots + a_n x_2^n = y_2 \\ \cdots \quad \cdots \quad \cdots \quad \cdots \quad \cdots \quad \cdots \\ a_0 + a_1 x_m + a_2 x_m^2 + \cdots + a_n x_m^n = y_m \end{cases} \tag{3.13}$$

$$\boldsymbol{\alpha} = (a_0, a_1, a_2, \cdots, a_n)^{\mathrm{T}}, \boldsymbol{\gamma} = (y_1, y_2, \cdots, y_n)^{\mathrm{T}}, \boldsymbol{C} = \begin{bmatrix} 1 & x_1 & x_1^2 & \cdots & x_1^n \\ 1 & x_2 & x_2^2 & \cdots & x_2^n \\ \cdots & \cdots & \cdots & \cdots & \cdots \\ 1 & x_m & x_m^2 & \cdots & x_m^n \end{bmatrix} \tag{3.14}$$

令 $\boldsymbol{C\alpha}=\boldsymbol{\gamma}$,则对应的正规方程组 $\boldsymbol{C}^{\mathrm{T}}\boldsymbol{C\alpha}=\boldsymbol{C}^{\mathrm{T}}\boldsymbol{\gamma}$ 是关于 $n+1$ 个未知量 $a_j(j=0,1,2,\cdots,n)$ 的线性方程组。由于 $x_1,x_2,\cdots,x_m$ 互异,故矩阵 $\boldsymbol{C}$ 线性无关,$\boldsymbol{C}^{\mathrm{T}}\boldsymbol{C}$ 非奇异,方程组有唯一解。

3.8.3 高斯函数拟合原理及算法

高斯函数拟合可分为单高斯拟合、双高斯拟合和多高斯拟合。设函数 $f(x_i)$ 对数据点集合 $\{x_{i,}y_i;i=1,2,\cdots,n\}$ 进行拟合,函数表达式为:

$$f(x_i)=a_1\times\exp\left[-\left(\frac{x_i-b_1}{c_1}\right)^2\right]+a_2\times\exp\left[-\left(\frac{x_i-b_2}{c_2}\right)^2\right]+\cdots+a_m\times\exp\left[-\left(\frac{x_i-b_m}{c_m}\right)^2\right] \tag{3.15}$$

当 $m=1$ 时,为单高斯拟合;当 $m=2$ 时,为双高斯拟合;当 $m>2$ 时,为多高斯拟合。m 越接近 n,函数拟合精度越好,一般有 $3m\leqslant n$。

对曲线进行拟合就是求参数 a_j、b_j、$c_j(j=1,2,\cdots,m)$ 使函数 $f(x_i)$ 与曲线匹配最好。即要求误差平方和 Q 满足下式:

$$Q=||\delta||_2^2=\sum_{i=1}^{n}\delta_i^2=\sum_{i=1}^{n}\left[\sum_{i=1}^{m}S_{a_n,b_n,c_n}(x_i)-y_i\right]=\min \tag{3.16}$$

式中:δ——误差;

δ_i^2——i 点的误差平方;

S_{a_n,b_n,c_n}——某一函数。

则线性方程组 $F(x)=0$ 可转化为:

$$\begin{cases}\dfrac{\partial Q}{\partial a_j}=0\\ \dfrac{\partial Q}{\partial b_j}=0\\ \dfrac{\partial Q}{\partial c_j}=0\end{cases} \tag{3.17}$$

其中,式(3.17)可拆分成式(3.18)~式(3.20):

$$\sum_{i=1}^{n}\left[\left(\sum_{n=1}^{m}a_n\mathrm{e}^{\frac{-(x_i-b_n)2}{c_n^2}}-y_i\right)\mathrm{e}^{\frac{-(x_i-b_j)2}{c_j^2}}\right]=0 \tag{3.18}$$

$$\sum_{i=1}^{n}\left\{\left(\sum_{n=1}^{m}a_n\mathrm{e}^{\frac{(x_i-b_n)2}{c_n^2}}-y_i\right)\left[\frac{2a_j(x_j-b_j)}{c_j^2}\mathrm{e}^{\frac{(x_i-b_j)2}{c_j^2}}\right]\right\}=0 \tag{3.19}$$

$$\sum_{i=1}^{n}\left\{\left(\sum_{n=1}^{m}a_n\mathrm{e}^{\frac{(x_i-b_n)2}{c_n^2}}-y_i\right)\left[\frac{2a_j(x_j-b_j)}{c_j^3}\mathrm{e}^{\frac{(x_i-b_j)2}{c_j^2}}\right]\right\}=0 \tag{3.20}$$

这是一个多元非线性方程组求解问题,可以采用迭代法逐步求解,借助

MATLAB 软件编程实现。

3.9 本章小结

本章从实验角度出发,设计了驾驶人在农村公路复杂条件下的行车实验。选用眼动特征参数、心率特征参数和车辆运行特征参数来定量评估驾驶人的驾驶行为特性,并介绍了相关数学分析方法和模型,为下面章节的定性和定量分析奠定了基础。

第 4 章　驾驶人驾驶适应性研究

开车上路时，你一定见过不断超车、频繁变更车道的驾驶人。在心理学中，将具有这些行为倾向的人定性为不适合驾驶的人群。不适合驾驶的人群驾驶车辆将增大交通事故发生的概率。

相关研究表明，决定一个人是否适合开车，除了体格、体力、感官能力、身体内部器官等生理因素外，还有健康的心理素质。驾驶适应性检测就是针对驾车人的生理与心理进行相应检测。驾驶适应性是指驾驶人有效、安全驾驶车辆所必备的能力和素质。驾驶适应性检测是依据事故倾向性理论，运用当代心理学的研究成果，利用先进的科学仪器与设备，从生理与心理等方面检测被测人是否适合驾驶车辆的方法。

4.1　速度估计分析

该实验通过测试驾驶人反应时间和小球实际运动时间的差值来测评驾驶人的速度估计能力。偏差越小，说明驾驶人的速度估计能力越强，反之则越弱。

在实验过程中测得小球实际的运动时间为2560ms，驾驶人反应时间和这个值的差值就是驾驶人速度估计的偏差。根据速度估计反应时间原始值计算得到每个驾驶人相应的偏差，并计算出相应的期望、方差标准差，结果见表 4.1。

速度估计值与实际速度的差值情况　　表 4.1

组别	驾驶人编号									
	1	2	3	4	5	6	7	8	9	10
第一组	316	-329	-664	340	115	861	-110	684	-1360	17
第二组	413	-130	118	229	353	220	6	420	-382	95
第三组	-427	-542	-394	565	566	-416	-149	1040	-760	205
第四组	299	-771	208	117	230	-427	-104	1151	-877	9

续上表

组别	驾驶人编号									
	1	2	3	4	5	6	7	8	9	10
第五组	299	-215	-16	428	230	-580	128	128	128	141
第六组	-548	-215	220	551	420	562	140	340	-1038	90
期望	59	-367	-88	372	319	37	-15	627	-714	92
方差	30374	9922	21850	5298	4327	59642	2661	27421	45672	923
标准差	174	99	147	72	66	244	52	166	214	30

从表4.1中可以看出,呈现负值的被测人速度判读为超前,其实际反应的时间小于小球实际运动的时间,而呈正值的测试者反应时间大于小球实际运动的时间。从数据中可以看到被测人的速度估计之间存在着较大差异。从期望值来看,2号和9号驾驶人速度估计时间偏离实际运动时间较大,反应比实际运动超前,反应时间为负。4号、5号和8号驾驶人,速度估计比实际运动滞后。1号、3号、6号、7号、10号驾驶人反应时间和实际时间比较接近,3号和7号驾驶人稍超前,1号、6号和10号驾驶人略有滞后。从标准差来看,10号驾驶人速度估计偏差波动最小,6号驾驶人波动性最大。

4.1.1　速度估计和行动性的关系

速度估计能力是驾驶人重要的驾驶特性,对行车安全有重要的影响。速度估计能力的强弱和驾驶人安全态度之间存在一定的关系。

驾驶人速度估计偏差的期望值越小,说明该驾驶人测试过程中平均速度估计时间与小球实际运动时间差值越小,也就是说驾驶人对速度的估计能力越强。在实验中发现,行动性指数相对较高的驾驶人速度估计较准确。假设实验测得的行动性指数为 T,为了能直观地反映出速度估计和行动性之间的关系,需要对行动性指数进行放大,即对所有驾驶人的行动性指数同时乘以2再平方,得到表4.2所列数值。

行动性指数　　表4.2

驾驶人编号	1	2	3	4	5	6	7	8	9	10
数值	169	64	169	64	100	169	256	16	4	169

根据行动性指数和期望值的大小绘制的直方图如图4.1所示。

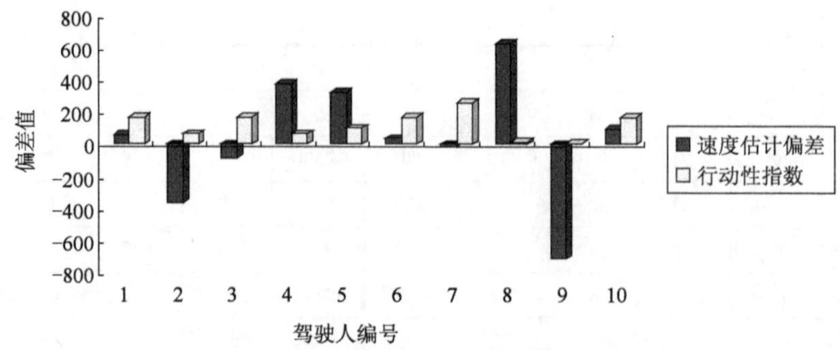

图4.1　速度估计偏差和行动性指数比较直方图

从图4.1中可以明显地看到,9号驾驶人速度估计偏差最大,其相应的行动性指数最低;7号驾驶人速度估计偏差最小,对应的行动性指数最大。总之,速度估计差值与驾驶人行动性指数呈现相反的趋势,差值越小的驾驶人行动性越好,这说明其速度估计能力也越强。速度估计能力对行车安全有较大的影响,速度估计偏差较大有可能造车交通事故。在人格测试中,反映出较好行动性的驾驶人有普遍有良好的速度估计能力,在车辆行驶过程中因速度估计不准确而引发交通事故的概率较低,事故倾向性较低。

4.1.2　速度估计和稳定性的关系

在行车过程中,影响驾驶人行车安全的因素除了速度估计的准确性以外,还有速度估计的稳定性。如果一个驾驶人速度估计稳定性较差,不但会造成驾驶人估计错误,同时也会引起驾驶人的侥幸心理,以致过分相信自己,认为以往良好的速度估计能力是自己的永久性标志,致使开车中麻痹大意,造成重大交通事故。因此,驾驶人的估计稳定性对行车安全具有非常重要的意义,是驾驶人心理因素的重要组成部分。

速度估计偏差的标准差越大,表明驾驶人速度估计能力越不稳定。稳定性特性是驾驶人人格因素的表征指标之一,稳定性指数越高,驾驶人的稳定性表现越明显。为了能体现速度判断和稳定性的关系,仿照前面对驾驶人人格因素中的稳定性指数进行放大处理,对每个数值同时乘以一个系数。为了与方差值能更好地融合,这个系数取10,处理后的数据见表4.3。

稳定性指数处理结果　　表4.3

驾驶人编号	1	2	3	4	5	6	7	8	9	10
数值	4	64	4	100	100	4	144	4	16	169

根据稳定性指数和速度估计标准差绘制折线图,如图4.2所示。

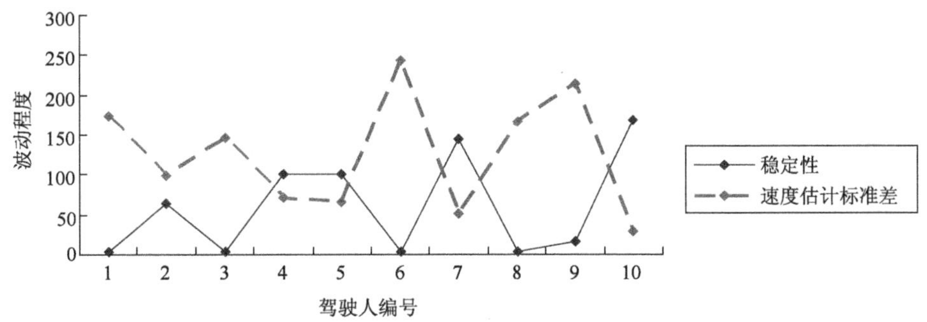

图4.2　驾驶人稳定性与速度估计标准差关系曲线

由图4.2可以看出,驾驶人速度估计偏差标准差越大,则稳定性指数越低,稳定性和波动幅度呈现出相反的变化趋势。也就是说,在人格因素中,稳定性高的驾驶人速度估计能力波动幅度相对较小。稳定性高的驾驶人做事稳重,适合承担长途车辆的运输工作,在驾驶人队伍中表现出较优秀的能力。

4.2　复杂反应分析

交通环境是一个复杂的工作环境,行车过程中驾驶人需要面对各种各样的信息,根据这些信息作出准确的判断,并采取相应的措施,如转向、紧急制动等,这就要求驾驶人必须具备准确的判断力和良好的操作能力。复杂反应是对驾驶人在复杂情况下反应能力和紧急情况下处理能力的评价指标。

记录每个被测人反应时间和错误次数的期望和标准差,结果见表4.4。

复杂反应时间(单位:ms)　　表4.4

项目	驾驶人编号									
	1	2	3	4	5	6	7	8	9	10
第一次	442	543	612	721	543	519	441	642	743	582
第二次	483	728	310	544	586	402	403	762	901	332
期望	463	636	461	633	565	461	422	702	822	457
方差	420	8556	22801	7833	463	3423	361	3600	6241	15625
标准差	20	92	151	89	22	59	19	60	79	125

4.2.1 复杂反应和行动性的关系

行动性是对驾驶人操作能力的一个考核指标,是指驾驶人操作的灵活性、准确性和及时性。行动性指数高,说明行动能力越强。复杂反应的时间越短,说明驾驶人面对紧急情况的反应越快,越能够及时地处理交通危机。

在速度估计中已经证实了驾驶人人格因素中的行动性因素和速度估计能力有一定的关系,行动性指数越高,速度估计越准确。复杂反应是测试驾驶人面对紧急情况的反应能力,和速度估计一样,都是影响行车安全的重要心理因素。表4.4中列出了复杂反应时间的期望值,由此可结合在4.1节中用到的行动性指数放大值(表4.2)得到复杂反应时间与驾驶人行动性关系曲线,如图4.3所示。

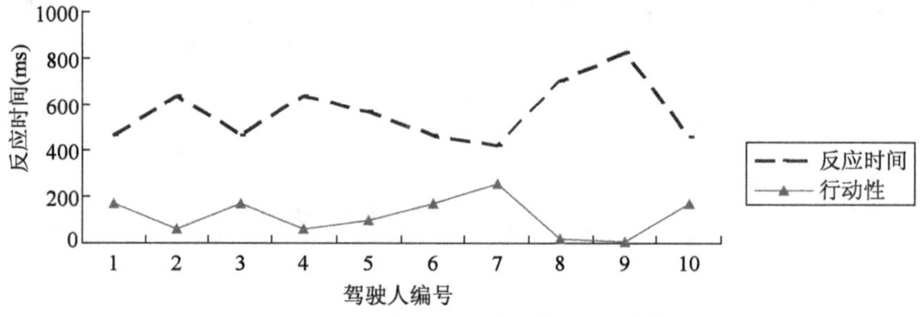

图4.3 复杂反应时间与驾驶人行动性关系曲线

从图4.3中可以看出,行动性和复杂反应时间呈现相反变化的趋势,行动性越强的驾驶人反应时间越短,反之则越长。这说明,人格因素中行动性较强的驾驶人的反应往往比行动性较差的驾驶人快,对复杂情况能快速地进行处理;相反,行动性较差的驾驶人反应相对迟钝,不能及时处理交通信息,严重的动作迟缓可能会造成交通事故。

在生活中也不难发现,反应敏捷的驾驶人思维活跃,机智灵活,面对复杂问题往往能够快速处理。由此可以看出,人格因素中的行动性对驾驶人的复杂反应和速度估计都有影响。行动性较强的驾驶人反应敏捷,速度估计准确;行动性较差的驾驶人动作笨拙,反应迟缓,判断误差大,事故倾向性大。

4.2.2 攻击性和复杂反应的关系

对攻击性指数同样做放大处理,结果见表4.5。

攻击性指数 表4.5

驾驶人编号	1	2	3	4	5	6	7	8	9	10
数值	16	64	144	64	16	64	16	64	64	100

根据攻击性指数和复杂反应标准差,得到如图4.4所示的变化关系。

根据方差结果分析可知,有的驾驶人反应敏捷,但反应波动较大,时好时坏。这种驾驶人脾气暴躁,在复杂的交通情况下容易发怒,对交通状况表现出不满,有时甚至对不满的交通对象有攻击性动机。这种心理特征较强的驾驶人偏向多血质类型,性格急躁,胆大妄为,很容易在行车中酿成恶性交通事故。

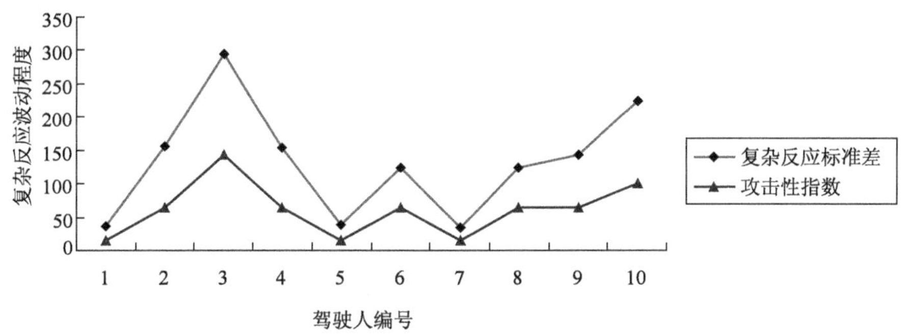

图4.4 驾驶人攻击性与复杂反应标准差关系曲线

由图4.4中可以看出,攻击性强的驾驶人,其复杂反应能力波动较大,这类驾驶人在道路上属于危险人群,很容易在外界刺激下发怒,在情绪激动的情况下报复他人,事故倾向性很大。

4.2.3 冲动性和复杂反应的关系

复杂反应错误次数是指在复杂情况下操作错误次数的总和,本次实验中有伴蜂鸣错误次数和无蜂鸣错误次数。复杂反应错误次数是考察驾驶人适应性的一项重要指标,在行车过程中,驾驶操作的准确性直接关系到交通的安全状况,一次操作失误就有可能酿成重大交通事故。被测人错误次数的统计值见表4.6。

实验中发现驾驶人复杂反应错误次数和人格因素中的冲动性有很大关系。根据错误总次数和冲动性指数,得到如图4.5所示曲线。

错误次数(单位:次)　　表 4.6

类　型	驾驶人编号									
	1	2	3	4	5	6	7	8	9	10
伴蜂鸣错误	0	3	1	0	1	0	1	0	3	1
无蜂鸣错误	1	0	3	2	5	0	0	2	2	2
总错误	1	3	4	2	6	0	1	2	5	3

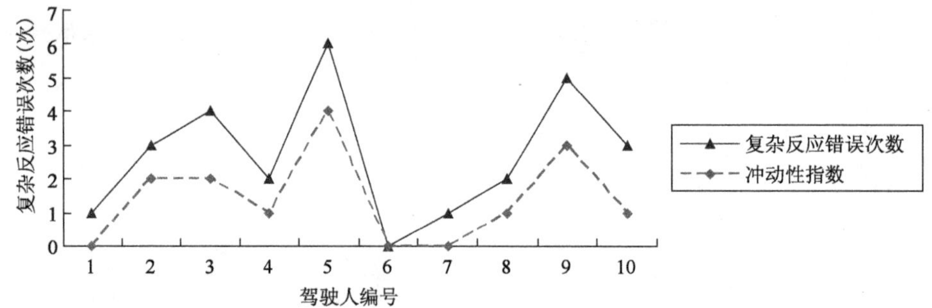

图 4.5　驾驶人冲动性和复杂反应错误次数关系曲线

图 4.5 反映了复杂反应错误次数和驾驶人冲动性之间的关系。从图中可以看到,越容易冲动的驾驶人,其操作上的错误越多。这类驾驶人性格急躁、容易冲动,在碰到复杂的交通情况时往往容易气急败坏,在操作上容易出现较大的失误,造成较大的交通事故。

冲动性较强的驾驶人,适合在路线平缓、交通环境简单的线路上行驶。在复杂多变、危险路段较多的线路上行车时,这类驾驶人在外界环境的刺激下容易情绪冲动,导致操作次数增多,对行车安全非常不利。

4.2.4　敢为性对复杂反应的影响

敢为性和复杂反应之间也存在着一定的关系,根据敢为性指数和复杂反应操作错误次数可以得到相应关系曲线,如图 4.6 所示。

敢为性是描述驾驶人胆量的指标,敢为性指数越高,胆量越大。对于行车来说,过大的胆量并非有利。敢为性强的驾驶人在交通环境中容易蔑视交通危险因素,过于轻视安全问题,这对行车是不利的。

从图 4.6 中可以看出,敢为性和复杂反应的错误次数呈现相同的变化趋势,

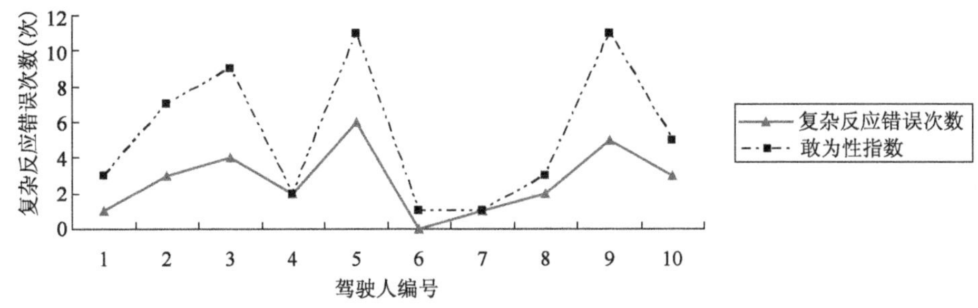

图4.6 驾驶人敢为性和复杂反应操作错误次数关系曲线

复杂反应错误次数较多的驾驶人表现出相对较强的敢为性。这类驾驶人胆量过大,对交通危险因素没有足够的重视,在操作上容易出现错误。行车过程中,这类驾驶人经常因为过多的失误而造成交通事故,事故倾向性比较明显。因此,建议交通运输管理人员在对驾驶人安排工作时,尽量让这类驾驶人从事交通环境较为简单路线的工作,这样既可以保障行车安全,又能改善运输效率。

4.3 操作机能

操作机能是检测驾驶人在多信息情况下注意的分配、转移能力,注意的持续性、动作的协调性及动作的连续性。驾驶人只有熟练地操纵车辆,才能保证安全、舒适地行车。

操作机能通过在操作过程中错误的次数来反映,操作机能统计值见表4.7。

操作机能错误次数(单位:次) 表4.7

类别	驾驶人编号									
	1	2	3	4	5	6	7	8	9	10
第一圈	28	11	21	8	14	22	12	23	5	21
第二圈	20	22	22	6	9	16	15	37	9	11
第三圈	7	16	36	31	8	21	18	32	10	22
合计	55	49	79	45	31	59	45	92	24	54
方差	37	10	23	64	3	3	3	17	2	12

从操作机能错误次数合计数来看,驾驶人的操作机能存在着不同程度的差异。为了探究驾驶人人格因素、安全态度和操作机能之间的关系,对驾驶人独立

性、责任归属性、自信心、社会向性等因素的指标进行放大处理,结果见表4.8。

安全态度、人格因素指标放大值　　表4.8

项目	驾驶人编号									
	1	2	3	4	5	6	7	8	9	10
独立性	64	100	36	100	144	36	64	4	196	64
自信心	36	16	16	144	196	16	36	4	100	16
社会向性	16	64	4	196	100	16	36	4	64	36
责任归属性	36	36	4	100	100	16	16	4	144	36
自我中心性	36	36	144	16	16	64	64	144	4	16

4.3.1 责任归属性和操作机能

所谓责任归属性,是指驾驶人在行车过程中对自己、他人和社会人身安全的负责程度。驾驶人责任归属性和操作机能错误次数之间的关系如图4.7所示。

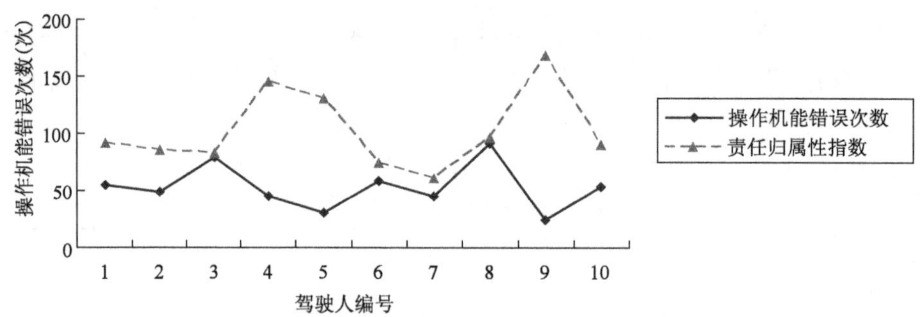

图4.7　驾驶人责任归属性和操作机能错误次数关系曲线

从图4.7中可以看出,责任归属性强的驾驶人,其操作机能错误次数少,这类驾驶人重视自己和他人的安全,能正确、及时地完成行车操作;责任归属性差的驾驶人则无视安全隐患,不能及时避开危险物,操作错误较多,事故倾向性明显。责任归属性好的驾驶人驾驶适应性较好。

4.3.2 自我中心性和操作机能

驾驶人自我中心性和操作机能错误次数之间的关系如图4.8所示。

由图4.8中可以看出,自我中心性指数和操作机能错误次数有相同的变化

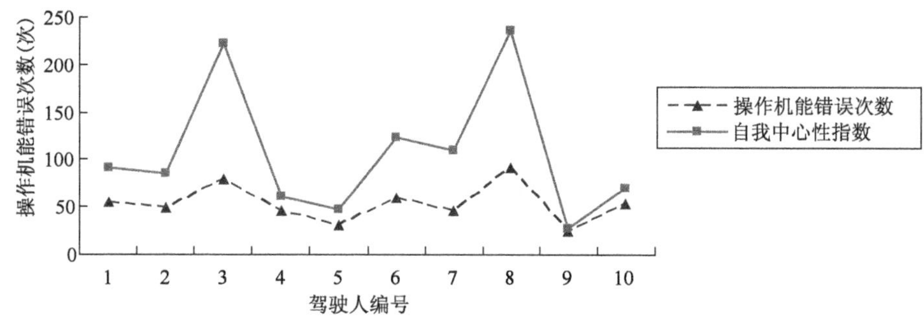

图4.8 驾驶人自我中心性和操作机能错误次数关系曲线

走向,自我中心强的驾驶人错误次数也较多。这一结果表明,自我中心强的驾驶人责任性差,只考虑自己的利益和感受,不在乎别人的安全和利益,开车比较随意。这类驾驶人以自我为中心,无视他人利益,随个性开车,危险感受性差,事故倾向性较大。

4.4 人格因素和安全态度

由于驾驶人人格因素之间的差异,其相应的安全态度也存在着较大的差别。

4.4.1 社会向性和自信心

社会向性有内倾和外倾之分,本实验中驾驶人外倾性越强,则社会向性指数越高。如图4.9所示为社会向性和自信心关系曲线,由图中可以看出外倾性越强的驾驶人表现出自信心强。这类驾驶人对自己的驾驶能力充满自信,在遇到交通突发事件时不慌张,能妥善处理交通危机。有时候自信心过强的驾驶人会过高估计自己的驾驶能力,忽视交通危险因素,这对行车安全也是不利的。

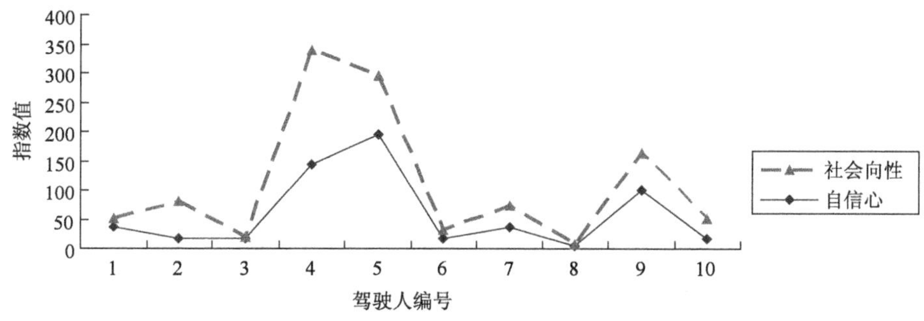

图4.9 社会向性和自信心关系曲线

4.4.2 攻击性和自我中心性

从图 4.10 所示关系曲线来看,攻击性和自我中心性呈现相同的变化趋势,攻击性强的驾驶人表现出很强的自我中心性。攻击性是指在外界刺激下,对他人有报复或者攻击倾向和欲望的心理表现。攻击性强的驾驶人往往态度恶劣,以自我为中心,不考虑他人利益,自以为是,性格暴躁,常常对交通状况不满,暴力倾向性大,对行车安全不利。同时,这类驾驶人的危险感受性也较差,事故倾向性大。

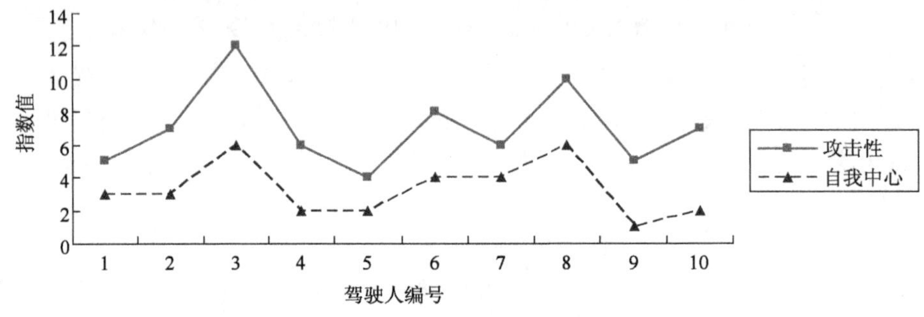

图 4.10 攻击性和自我中心关系曲线

4.4.3 冲动性和稳定性

从图 4.11 中可以看到,驾驶人的冲动性和稳定性略有相反的趋势。本实验中 5 号驾驶人是一个异常点,但在实验样本中所占比例不大,不影响整体的趋势。在所有柱形图中,稳定性越高的驾驶人,其冲动性在整个柱形中所占比例越小。这说明个性特征中表现出稳定性差的人,其安全态度也相应地表现为冲动。这类驾驶人操纵机能、反应、注意等变化较大,容易引起交通事故。与稳定性高的驾驶人相比,这类驾驶人相对有较明显的事故倾向。在交通运输工作中,管理人员应尽量避免这类驾驶人从事长途运输,以保证行车的安全性。

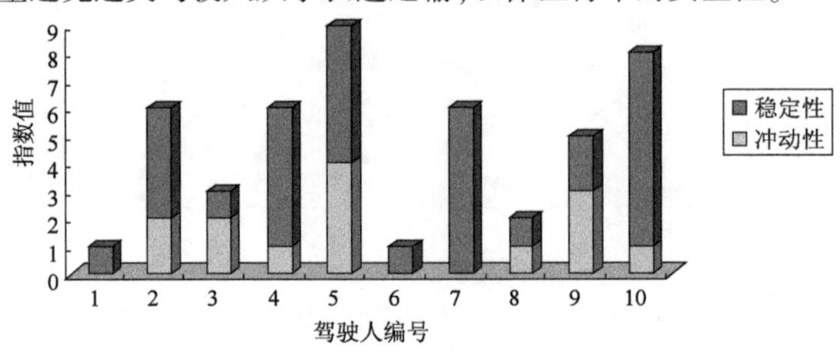

图 4.11 冲动性和稳定性关系曲线

4.4.4　独立性和行动性

行动性也就是通常所说的灵活性，行动性指数高，说明驾驶人在工作表现中手脚灵活，没有懒散的表现。驾驶人的操作能力对车辆的驾驶极为重要，由于交通环境的复杂性，驾驶工作需要良好的操作能力，手脚笨拙的驾驶人难以适应复杂多变的交通环境。

从图4.12的独立性和行动性关系曲线来看，驾驶人的行动性越好，其独立性表现得越好。也就是说，个性特征中表现出独立性很强的驾驶人，一般拥有很强的行动性，他们机动灵活，驾驶行为能很好地适应多变的交通需要，遇到复杂的路况和行车环境时，能够及时、正确地处理，这样的驾驶人理所当然驾驶适应性强，事故倾向性小。这类驾驶人是驾驶人队伍中相对优秀的人，无论是长途运输还是短途运输，都能很好地适应。

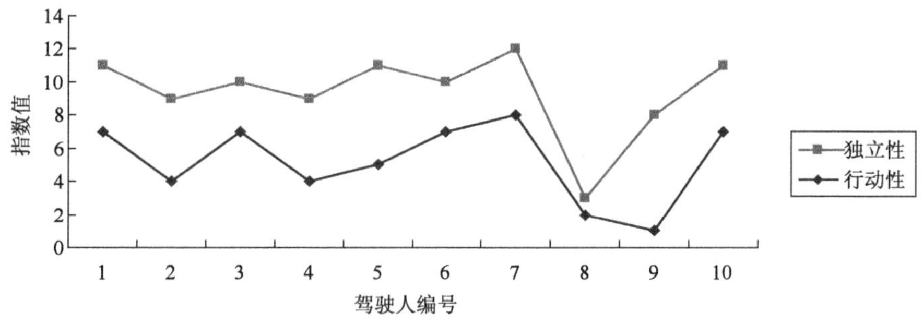

图4.12　独立性和行动性关系曲线

4.5　危险感受性

危险感受性是驾驶人在行车过程中，对交通环境中潜在危险因素的感知能力，与驾驶人的感觉和知觉能力有着间接的联系。感觉和知觉能力强的驾驶人危险感受性较好，能及时发现交通环境中存在的危险因素。

本实验中对驾驶人的危险感受性没有定量的数据分析，只是从定性的角度给出了三个程度的描述：差、正常和优良。从表4.9中可以看出，实验中4号、5号、9号驾驶人表现出优良的危险感受性，3号和8号驾驶人则危险感受能力差。

驾驶人危险感受(差、正常、良好)测定结果　　表4.9

驾驶人编号	1	2	3	4	5	6	7	8	9	10
程度	正常	正常	差	良好	良好	正常	正常	差	良好	正常

4.5.1　驾驶能力和危险感受性

通过比较发现,危险感受能力优良的驾驶人与速度估计能力和复杂反应之间不存在直接的影响关系,但和操作机能之间存在一定的关系,如3号和8号驾驶人的操作机能实验中错误次数最多,相应地,其危险感受性表现最差;而操作机能错误次数最少的4号、5号、9号驾驶人危险感受性表现优良。危险感受性和操作机能都和驾驶人的感觉、知觉能力之间存在着相关性,危险感受性和操作机能的强弱是建立在感知觉能力的基础之上的,感觉、知觉能力强的驾驶人,其危险感受性和操作机能都强。

4.5.2　人格因素和危险感受性

本实验中,驾驶人人格测定结果见表4.10。

人格因素测定结果　　表4.10

因素	驾驶人编号									
	1	2	3	4	5	6	7	8	9	10
稳定性	1	4	1	5	5	1	6	1	2	7
攻击性	2	4	6	4	2	4	2	4	4	5
敢为性	2	4	5	0	5	1	0	1	6	2
独立性	4	5	3	5	6	3	4	1	7	4
社会向性	2	4	1	6	5	2	3	1	4	3

由表4.10可以看出,驾驶人危险性感受和人格因素之间存在微弱的联系,相关性不是特别明显。实验数据反映出,独立性强的驾驶人危险感受能力强,如4号、5号和7号驾驶人表现出很高的独立性,相应的危险感受性也呈现优良的状态。3号和8号驾驶人的独立性弱,对应的危险感受性就比较差。敢为性、稳定性和攻击性与危险感受性之间没有明显的相关性。

4.5.3　安全态度和危险感受性

驾驶人安全态度测定结果见表4.11。

驾驶人安全态度测定结果　　表4.11

因素	驾驶人编号									
	1	2	3	4	5	6	7	8	9	10
责任归属性	3	3	1	5	5	2	2	1	6	3
自我中心性	3	3	6	2	2	4	4	6	1	2
自信心	3	2	2	6	7	2	3	1	5	2
行动性	7	4	7	4	5	7	8	2	1	7
冲动性	0	2	2	1	4	0	0	1	3	1

由表4.11可以看出,安全态度中的责任归属性和危险感受性相关性比较明显,如4号、5号和9号驾驶人责任归属性很强,表现出优良的危险感受性。3号和8号驾驶人的责任归属性差,相应地,危险感受性也差,对行车安全不利,事故倾向性大。

自我中心性和危险感受性之间有负相关性,如3号和8号驾驶人自我中心性很强,相应地,危险感受性很差;4号、5号和9号驾驶人自我中心性较弱,危险感受性良好,事故倾向性较小。

自信心与危险感受能力有一定的关系。如3号和8号驾驶人自信心不足,危险意识表现较差;而4号、5号和9号驾驶人的自信心强,危险感受性表现良好,事故倾向性小。

4.6　本章小结

本章通过实验分析,发现不同的人格特征、不同的安全态度对行车安全都有一定的影响,存在不利于驾驶工作的人格特征和安全态度的驾驶人表现出明显的事故倾向性。同时,驾驶人的人格因素对其安全态度有一定的影响,人格因素优良的驾驶人在行车过程中具有良好的安全态度,危险意识强,危险感受性好。

第5章　视距不良路段驾驶人驾驶行为研究

视觉是人类感知外界信息最重要的通道,也是驾驶人在行车过程中获得外界信息最主要的手段。相关研究表明,驾驶人90%以上的信息是通过视觉获得的。在行车过程中为了保证行车安全,驾驶人必须能够及时、快速地发现前方道路的情况,并及时采取措施,避免交通事故的发生。可见,良好的行车视距是保证行车安全的前提条件。但是,我国的农村公路大多数道路等级偏低,平纵线形组合不良,道路环境复杂,视距不良路段较多,对行车安全极为不利。因此,研究视距不良路段的驾驶行为特性具有重要的意义。

相关资料显示,视距不良路段常常位于道路平面线形路段和平面交叉口路段。本章重点研究平面线形的视距不良路段。由于农村公路平曲线路段的半径差别较大,平曲线半径对交通安全有重要影响。相关研究表明,当平曲线半径小于600m时,道路交通事故明显增加,因此,可以把600m看作行车条件与直线路段没有区别的最小平曲线半径。为了进一步探讨较小平曲线半径对道路交通安全的影响,本文将小于600m的平曲线又进行了分类,分别对小半径平曲线($R \leqslant 150$m),中等半径平曲线($150\text{m} < R < 400\text{m}$)和大半径平曲线($400\text{m} \leqslant R < 600\text{m}$)进行研究。以平曲线的"曲中点"作为原点,取前后各100m路段作为重点观测路段,并取5m单位作为观测点。通过实时采集驾驶人在通过平曲线路段时的眼动、生理指标,结合车辆的部分运行特征参数,分析驾驶人的驾驶行为特性。另外,本实验同时对比分析了"公路安全生命防护工程"实施前后的效果。为便于区分,本书将"公路安全生命防护工程"改造前统称为"改造前","公路安全生命防护工程"改造后统称为"改造后"。

5.1　眼动指标特性

5.1.1　瞳孔变化

在不同的平曲线半径下,驾驶人的瞳孔直径变化情况明显不同。在小半径平曲线($R = 100$m)路段,"改造前"驾驶人的瞳孔直径在30~50像素之间波动,

“改造后”驾驶人的瞳孔直径在20～28像素之间波动。总体上来看,“改造前”和“改造后”驾驶人的瞳孔直径变化幅度都比较剧烈。可见,驾驶人在小平曲线路段行车时,由于视距不良,对前方的道路状况不了解,导致生理和心理负荷较大。同时也可以看出,“改造后”的小半径平曲线路段,由于采取了必要的提示、视线诱导等改造措施,驾驶人的平均瞳孔直径减小,表明驾驶人的生理和心理负荷有所减轻。在中等半径平曲线路段($R=200$m),“改造前”和“改造后”驾驶人的平均瞳孔直径均有减小,但变化幅度仍较剧烈;在大半径平曲线路段($R=450$m),由于视距条件得到改善,“改造前”和“改造后”驾驶人的平均瞳孔直径进一步减小,尤其“改造后”,平均瞳孔直径接近于直线路段的状况。

从以上定性分析可以看出,驾驶人的瞳孔直径可以有效衡量驾驶人的行车心理负荷。但由于每个人的生理特性不同,不同人的瞳孔直径差别也较大,因此无法用驾驶人的瞳孔直径大小客观评价道路环境对驾驶人行车安全的影响。因此,须选用瞳孔面积变化率进行定量分析。

下面选用瞳孔面积变化率对视距不良路段的驾驶人生理和心理负荷进行高斯函数曲线拟合分析。高斯函数在自然科学、数学和工程学等多个学科和领域有广泛应用,它可以很好地将实验、采样等获得的离散数据近似为某种函数表达式,然后借助Matlab软件实现曲线的快速、准确拟合。拟合的公式如下:

$$f(x_i)=a_1\times\exp\left[-\left(\frac{x_i-b_1}{c_1}\right)^2\right]+a_2\times\exp\left[-\left(\frac{x_i-b_2}{c_2}\right)^2\right]+\cdots+a_m\times\exp\left[-\left(\frac{x_i-b_m}{c_m}\right)^2\right]\quad(i=1,2,\cdots,n)\tag{5.1}$$

(1)小半径平曲线($R=100$m)。

小半径平曲线条件,“改造前”和“改造后”驾驶人瞳孔面积变化率拟合曲线分别如图5.1、图5.2所示,相应的模型参数表分别见表5.1、表5.2。

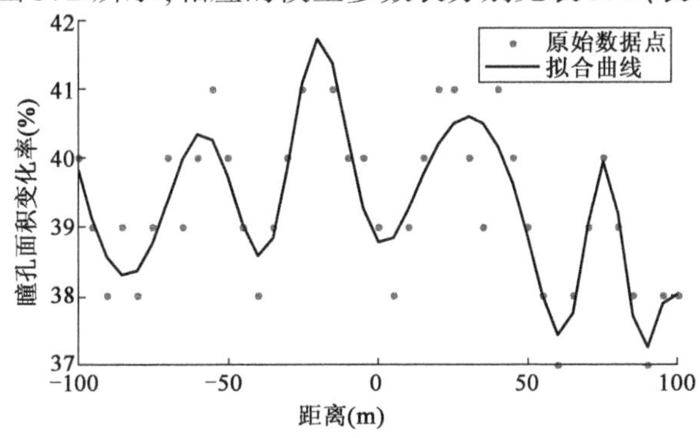

图5.1　“改造前”驾驶人瞳孔面积变化率拟合曲线

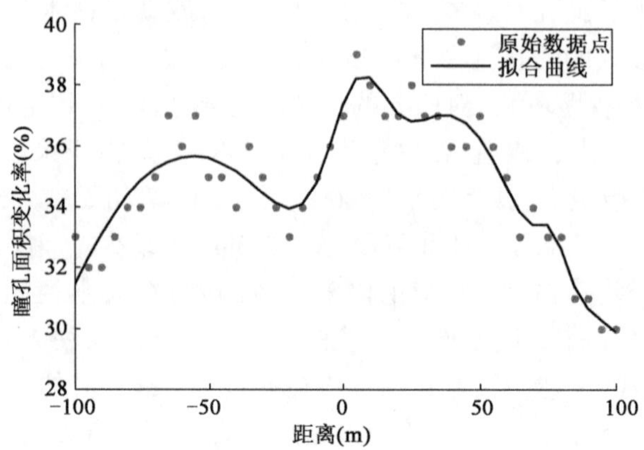

图 5.2 “改造后”驾驶人瞳孔面积变化率拟合曲线

“改造前”驾驶人瞳孔面积变化率模型参数表 表 5.1

参数	数值	参数	数值	参数	数值	参数	数值	参数	数值	参数	数值	参数	数值
a_1	6.618	a_2	38.31	a_3	7.653	a_4	43.23	a_5	16.26	a_6	6.625	拟合度系数	0.8234
b_1	-20.23	b_2	38.02	b_3	-55.5	b_4	-139.3	b_5	103	b_6	76.22	调整系数	0.6929
c_1	15.23	c_2	83.15	c_3	23.42	c_4	101.3	c_5	18.09	c_6	10.98	剩余标准差	0.6608

“改造后”驾驶人瞳孔面积变化率模型参数表 表 5.2

参数	数值	参数	数值	参数	数值	参数	数值	参数	数值	参数	数值
a_1	4.668	a_2	35.65	a_3	22.79	a_4	1.394	a_5	12.78	拟合度系数	0.8962
b_1	5.238	b_2	-56.2	b_3	113	b_4	76.99	b_5	41.4	调整系数	0.8403
c_1	14.75	c_2	123.1	c_3	58.71	c_4	7.132	c_5	37.32	剩余标准差	0.8926

总体上看,驾驶人在通过小半径平曲线($R = 100$m)时,瞳孔面积变化率较大,说明驾驶人生理和心理负荷较高。“改造前”瞳孔面积的变化规律复杂,变化幅度较大,表明驾驶人处于高度紧张状态;“改造后”瞳孔面积变化率先升后降,在平曲线“曲中点”处达到最高值,随后下降,呈现出一定的规律性。这表明“改造后”虽然驾驶人的驾驶负荷仍然较高,但已明显低于“改造前”。

从模型建立过程可以看出,瞳孔面积变化率在“改造前”符合6次高斯拟合函数,“改造后”符合5次高斯拟合函数,函数的拟合检验度值分别为0.8234和0.8962,函数拟合良好,模型有效。

(2)中等半径平曲线($R=200\text{m}$)。

中等半径平曲线条件下,“改造前”和“改造后”驾驶人瞳孔面积变化率拟合曲线分别如图5.3、图5.4所示,相应的模型参数表分别见表5.3、表5.4。

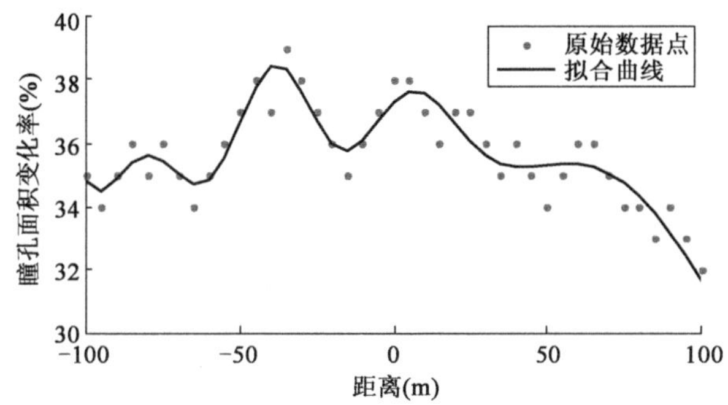

图5.3　“改造前”驾驶人瞳孔面积变化率拟合曲线

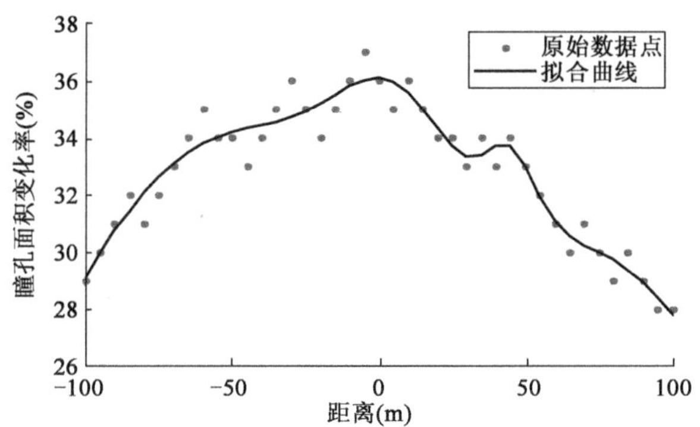

图5.4　“改造后”驾驶人瞳孔面积变化率拟合曲线

“改造前”驾驶人瞳孔面积变化率模型参数表　　表5.3

参数	数值	参数	数值	参数	数值	参数	数值	参数	数值	参数	数值
a_1	15.95	a_2	8.694	a_3	35.31	a_4	19.41	a_5	2.428×10^{15}	拟合度系数	0.8406
b_1	-39.43	b_2	-0.067	b_3	59.59	b_4	-79.02	b_5	-1359	调整系数	0.7548
c_1	22.53	c_2	26.19	c_3	121.9	c_4	28.09	c_5	220.5	剩余标准差	0.7641

"改造后"驾驶人瞳孔面积变化率模型参数表　　表 5.4

参数	数值	参数	数值	参数	数值	参数	数值	参数	数值
a_1	3.816	a_2	33.51	a_3	2.473	a_4	19.89	拟合度系数	0.9385
b_1	5.424	b_2	-52.1	b_3	45	b_4	102.7	调整系数	0.9151
c_1	27.9	c_2	126.8	c_3	12.13	c_4	81.6	剩余标准差	0.7083

驾驶人在通过中等半径平曲线($R = 200$m)时,"改造前"和"改造后"驾驶人的瞳孔面积变化趋势相同,均表现为先升后降,并在平曲线"曲中点"附近达到最大值。这表明随着平曲线半径的增大,驾驶人的视线逐渐变得开阔,从道路上获得的有效信息增多,驾驶人的生理和心理负荷逐渐减轻。

从模型建立过程可以看出,瞳孔面积变化率在"改造前"符合 5 次高斯拟合函数,"改造后"符合 4 次高斯拟合函数,函数的拟合检验度值分别为 0.8406 和 0.9385,函数拟合良好,模型有效。

(3)大半径平曲线($R = 450$m)。

大半径平曲线条件下,"改造前"和"改造后"驾驶人瞳孔面积变化率拟合曲线分别如图 5.5、图 5.6 所示,相应的模型参数表分别见表 5.5、表 5.6。

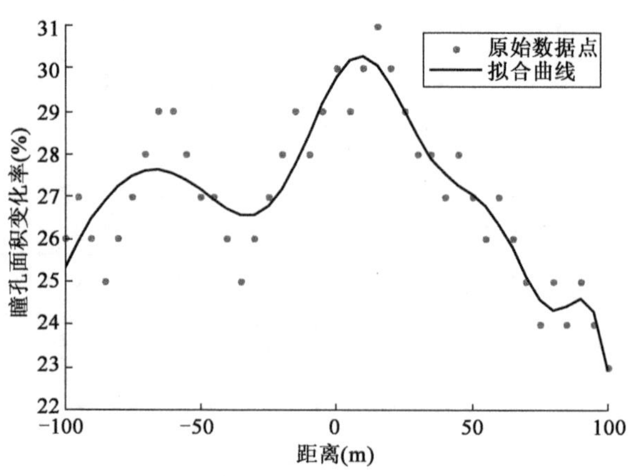

图 5.5 "改造前"驾驶人瞳孔面积变化率拟合曲线

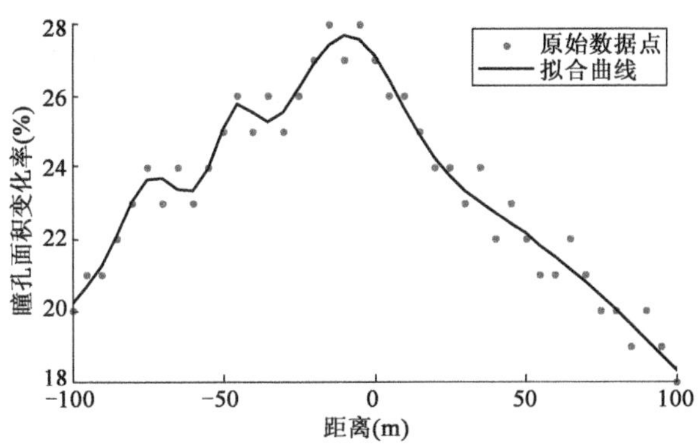

图5.6 "改造后"驾驶人瞳孔面积变化率拟合曲线

"改造前"驾驶人瞳孔面积变化率模型参数表 表5.5

参数	数值	参数	数值	参数	数值	参数	数值	参数	数值
a_1	9.608	a_2	27.6	a_3	10.64	a_4	18.53	拟合度系数	0.8361
b_1	9.158	b_2	-67.26	b_3	100.4	b_4	64.66	调整系数	0.7739
c_1	30.09	c_2	110.9	c_3	18.72	c_4	43.01	剩余标准差	0.9018

"改造后"驾驶人瞳孔面积变化率模型参数表 表5.6

参数	数值	参数	数值	参数	数值	参数	数值	参数	数值
a_1	3.693	a_2	2.047	a_3	23.98	a_4	1.721	拟合度系数	0.9678
b_1	-8.913	b_2	-45.91	b_3	-19.97	b_4	-74.86	调整系数	0.9556
c_1	23.2	c_2	9.414	c_3	213.8	c_4	11.37	剩余标准差	0.5557

在通过大半径平曲线($R=450$m)时,"改造前"和"改造后"驾驶人的瞳孔面积变化率均呈现出大幅度减小的趋势。尤其在"改造后",随着道路条件的改善,驾驶人行车视距也逐渐增大,驾驶人生理和心理负荷进一步减轻,在通过平曲线"曲中点"后,驾驶人的瞳孔面积变化呈线性下降趋势。

从模型建立过程可以看出,瞳孔面积变化率在"改造前"和"改造后"均符合4次高斯拟合函数,函数的拟合检验度值分别为0.8361和0.9678,函数拟合良好，模型有效。

5.1.2 注视特性

(1)注视时间。

①小半径平曲线($R=100\text{m}$)。

小半径平曲线条件下，"改造前"驾驶人注视图、注视热点图分别如图5.7、图5.8所示。

a)-100m处

b)0m处

c)100m处

图5.7 "改造前"驾驶人注视图

a)-100m处

b)0m处

c)100m处

图5.8 "改造前"驾驶人注视热点图

如图5.7所示，"改造前"驾驶人在小半径平曲线路段的注视点较多，注视点集中，注视时间长，尤其在平曲线"曲中点"附近，出现长时间注视的现象。说明在此路段，由于驾驶人视线受阻，视距不良，驾驶人需要花费较多的时间搜集道路信息，以保证行车安全。这一特点与图5.8所示的驾驶人注视热点图相吻合。另外，从驾驶人注视热点图中可以看出，在小半径平曲线路段行驶时，整个路段上驾驶人的注视特性明显，而且在平曲线前、中、后路段，平均注视时间没有明显差别，注视的"溢出效应"明显，即当驾驶人遇到较多或较难的信息需要加工时，绝大部分注意力都集中在需要加工的信息上，而不能通过预视获得周围或前面的道路信息。这无疑对行车安全是极为不利的。同时，这也表明驾驶人在整个路段行车时精神一直处于高度紧张状态，生理和心理负荷较大。

小半径平曲线条件下，"改造前"驾驶人注视时间拟合曲线如图5.9所示，

相应的模型参数见表5.7。

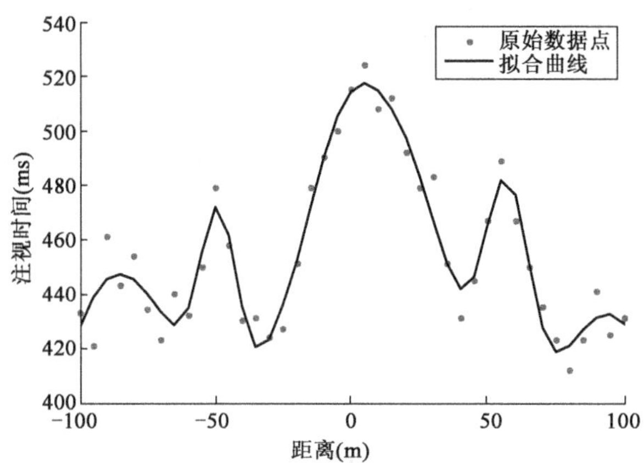

图5.9　“改造前”驾驶人注视时间拟合曲线

“改造前”驾驶人注视时间模型参数表　　表5.7

参数	数值	参数	数值	参数	数值	参数	数值	参数	数值	参数	数值	参数	数值
a_1	456.5	a_2	84.18	a_3	69.76	a_4	436.2	a_5	8.726	a_6	411.7	拟合度系数	0.9360
b_1	9.138	b_2	57.02	b_3	−48.84	b_4	−89.44	b_5	−4.507	b_6	100	调整系数	0.8886
c_1	50.06	c_2	11.48	c_3	9.92	c_4	61.62	c_5	13.68	c_6	53.16	剩余标准差	10.1104

从模型建立过程可以看出,“改造前”驾驶人的注视时间符合6次高斯拟合函数,函数的拟合检验度值为0.9360,函数拟合良好,模型有效。

小半径平曲线条件下,“改造后”驾驶人注视图、注视热点图分别如图5.10、图5.11所示。

a)−100m处

b)0m处

c)100m处

图5.10　“改造后”驾驶人注视图

a)-100m处

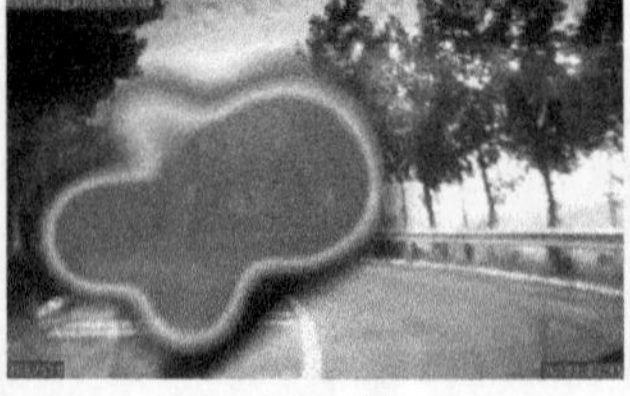
b)0m处

c)100m处

图5.11 “改造后”驾驶人注视热点图

如图5.10所示,“改造后”驾驶人在小半径平曲线路段($R=100\mathrm{m}$)的注视点也较集中,注视时间较长。从图5.11所示驾驶人注视热点图来看,驾驶人的注视特性同样非常明显,但在即将驶出小半径平曲线时,驾驶人的注视特性中出现了副中央窝预视效应,即驾驶人在注视一个物体的同时,还可以对该目标物的周围信息进行有效的加工。这表明通过加装护栏、设置线形诱导标志等措施,道路行车条件得到改善,驾驶人的行车视距也逐渐增大,驾驶人的驾驶负荷也逐渐减轻。

小半径平曲线条件下,“改造后”驾驶人注视时间拟合曲线如图5.12所示,相应的模型参数见表5.8。

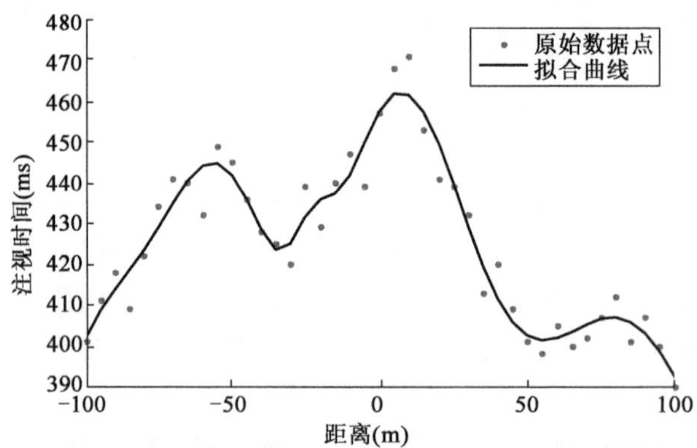

图5.12 “改造后”驾驶人注视时间拟合曲线

从模型建立过程可以看出,“改造后”驾驶人的注视时间符合5次高斯拟合函数,函数的拟合检验度值为0.9343,函数拟合良好,模型有效。

②中等半径平曲线($R=200\mathrm{m}$)。

中等半径平曲线条件下,“改造前”驾驶人注视图、注视热点图分别如图5.13、图5.14所示。

"改造后"驾驶人注视时间模型参数表　　表5.8

参数	数值	参数	数值	参数	数值	参数	数值	参数	数值	参数	数值
a_1	246.2	a_2	162.3	a_3	404.1	a_4	382.5	a_5	16.89	拟合度系数	0.9343
b_1	-0.2651	b_2	-50.69	b_3	83.45	b_4	-99.86	b_5	-22.52	调整系数	0.8990
c_1	38.71	c_2	29.57	c_3	94.42	c_4	56.91	c_5	9.423	剩余标准差	6.5033

a)-100m处

b)0m处

c)100m处

图5.13　"改造前"驾驶人注视图

a)-100m处

b)0m处

c)100m处

图5.14　"改造前"驾驶人注视热点图

如图5.13、图5.14所示,"改造前"驾驶人的注视点仍然较集中,注视特性明显,但注视特性已发生了较大变化。在"改造前"的驾驶人注视热点图中,驾驶人的注视时间已经明显减少,而且也出现了副中央窝预视效应。这表明随着平曲线半径的增大,驾驶人的行车视距逐渐增大,驾驶负荷有减轻的趋势。

中等半径平曲线条件下,"改造前"驾驶人注视时间拟合曲线如图5.15所示,相应的模型参数见表5.9。

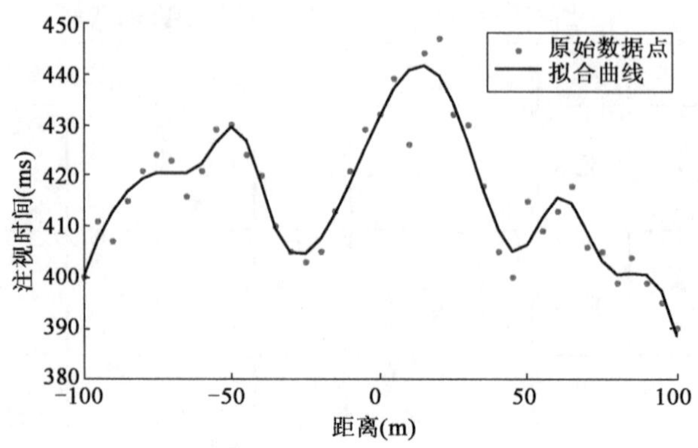

图 5.15 “改造前”驾驶人注视时间拟合曲线

“改造前”驾驶人注视时间模型参数表　　表 5.9

参数	数值	参数	数值	参数	数值	参数	数值	参数	数值	参数	数值
a_1	238.1	a_2	21.08	a_3	40.39	a_4	418.7	a_5	341.4	拟合度系数	0.9135
b_1	25.62	b_2	-47.21	b_3	61.54	b_4	-76.56	b_5	99.18	调整系数	0.8670
c_1	45.44	c_2	11.57	c_3	14.5	c_4	109.3	c_5	43.83	剩余标准差	4.8952

从模型建立过程可以看出,“改造前”驾驶人的注视时间符合 5 次高斯拟合函数,函数的拟合检验度值为 0.9135,函数拟合良好,模型有效。

中等半径平曲线条件下,“改造后”驾驶人注视图、注视热点图分别如图 5.16、图 5.17 所示。

a)-100m处

b)0m处

c)100m处

图 5.16 “改造后”驾驶人注视图

a)-100m处

b)0m处

c)100m处

图 5.17 “改造后”驾驶人注视热点图

如图 5.16、图 5.17 所示,“改造后”驾驶人的注视特性变化明显。由注视热点图可以看出,随着道路条件的改善,驾驶人的注视范围明显扩大,副中央窝预视效应明显,甚至出现由一个集中注视区域向多个分散注视区域转变的趋势。同时,驾驶人的注视点比“改造前”指向更远。

中等半径平曲线条件下,“改造后”驾驶人注视时间拟合曲线如图 5.18 所示,相应的模型参数见表 5.10。

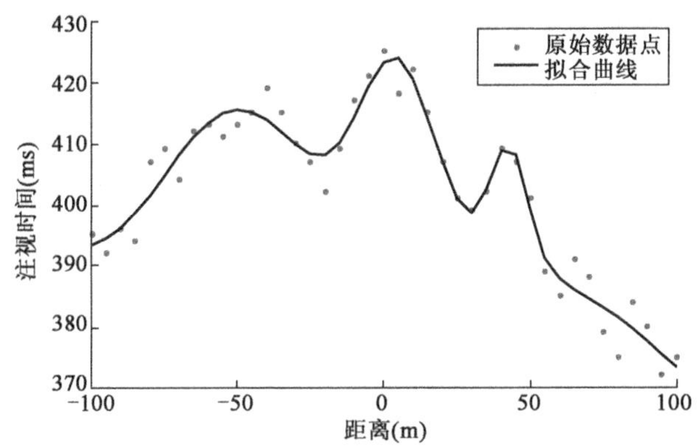

图 5.18 “改造后”驾驶人注视时间拟合曲线

“改造后”驾驶人注视时间模型参数表 表 5.10

参数	数值	参数	数值	参数	数值	参数	数值	参数	数值	参数	数值
a_1	28.93	a_2	28.1	a_3	18.86	a_4	388.3	a_5	8.687×10^7	拟合度系数	0.9506
b_1	4.518	b_2	-52.22	b_3	42.67	b_4	29.37	b_5	-1586	调整系数	0.9239
c_1	17.96	c_2	36.26	c_3	8.91	c_4	346.8	c_5	392.1	剩余标准差	3.9087

从模型建立过程可以看出,“改造后”驾驶人的注视时间符合 5 次高斯拟合函数,函数的拟合检验度值为 0.9506,函数拟合良好,模型有效。

③大半径平曲线路段（$R = 450\text{m}$）。

大半径平曲线条件下，“改造前”驾驶人注视图、注视热点图分别如图 5.19、图 5.20所示。

a)-100m处

b)0m处

c)100m处

图 5.19 “改造前”驾驶人注视图

a)-100m处

b)0m处

c)100m处

图 5.20 “改造前”驾驶人注视热点图

如图 5.19、图 5.20 所示，“改造前”随着平曲线半径的增大，驾驶人的注视特性逐渐变弱，注视时间减少。从注视热点图中可以看出，注视区域已经由一个集中注视区域变为多个分散的注视中心，表明驾驶人的生理和心理负荷已经明显减轻。

大半径平曲线条件下，“改造前”驾驶人注视时间拟合曲线如图 5.21 所示，相应的模型参数见表 5.11。

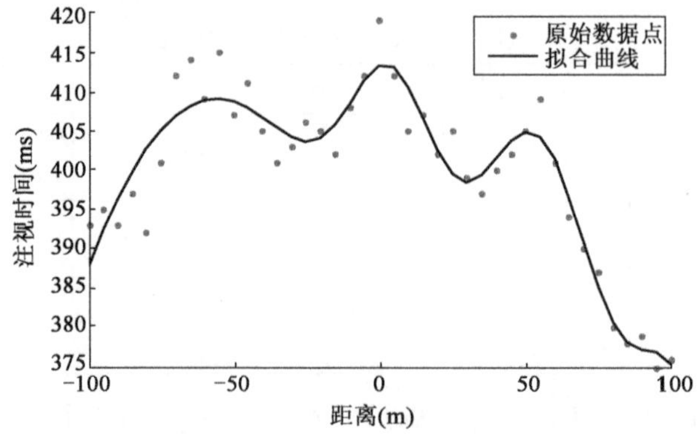

图 5.21 “改造前”驾驶人注视时间拟合曲线

"改造前"驾驶人注视时间模型参数表　　表5.11

参数	数值	参数	数值	参数	数值	参数	数值	参数	数值
a_1	30.68	a_2	409	a_3	110.4	a_4	141.6	拟合度系数	0.9008
b_1	5.08	b_2	-55.71	b_3	61.89	b_4	111.2	调整系数	0.8632
c_1	21.33	c_2	192.8	c_3	38.18	c_4	28.7	剩余标准差	4.0856

从模型建立过程可以看出,"改造前"驾驶人的注视时间符合4次高斯拟合函数,函数的拟合检验度值为0.9008,函数拟合良好,模型有效。

大半径平曲线条件下,"改造后"驾驶人注视图、注视热点图分别如图5.22、图5.23所示。

a)-100m处

b)0m处

c)100m处

图5.22　"改造后"驾驶人注视图

a)-100m处

b)0m处

c)100m处

图5.23　"改造后"驾驶人注视热点图

如图5.22、图5.23所示,随着平曲线半径的增大和道路两边广告牌的拆除,道路行车条件进一步得到改善,驾驶人的注视时间减少,注视区域进一步扩大。从注视热点图中可以看出,出现了多个注视中心区域,副中央窝预视效应明显。从注视图中可以看出,驾驶人的注视点指向更远的前方,而且驾驶人的注视点呈现出规律性的"螺旋式"运动,这些注视特性无疑对行车安全非常有利。

大半径平曲线条件下,"改造后"驾驶人注视时间拟合曲线如图5.24所示,相应的模型参数见表5.12。

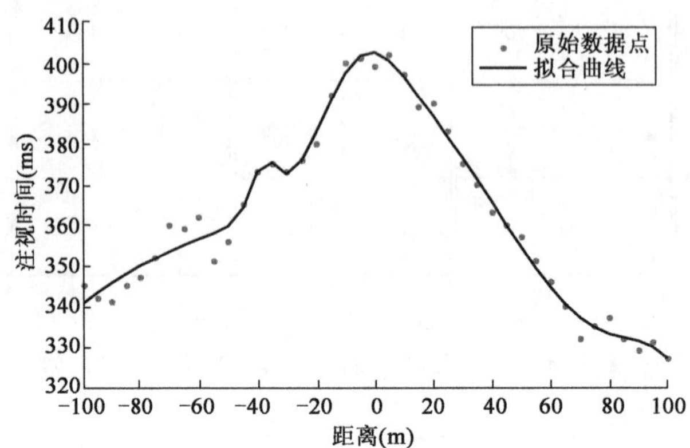

图5.24 "改造后"驾驶人注视时间拟合曲线

"改造后"驾驶人注视时间模型参数表 表5.12

参数	数值	参数	数值	参数	数值	参数	数值	参数	数值	参数	数值
a_1	26.55	a_2	11.87	a_3	25.66	a_4	361.6	a_5	12.68	拟合度系数	0.9839
b_1	-5.532	b_2	-37.75	b_3	19.15	b_4	-21.15	b_5	99.57	调整系数	0.9752
c_1	20	c_2	6.629	c_3	31.58	c_4	323.6	c_5	19.37	剩余标准差	3.5580

从图5.24中可以看出,"改造后"驾驶人注视时间先升后降,并逐渐趋于稳定。结合图5.22和图5.23分析可知,驾驶人的注视次数虽然有增加的趋势,但单次注视时间减少,即出现多次短时间注视现象,但总的注视时间减少。相关研究表明,多次短时注视有利于行车安全。同时说明随着道路条件的改善,驾驶人的视距得到充分满足,驾驶人注视的随意性增强,驾驶负荷减轻。

从模型建立过程可以看出,"改造后"注视次数符合5次高斯拟合函数,函数的拟合检验度值为0.9839,函数拟合良好,模型有效。

(2)注视次数。

同理,对驾驶人的注视次数进行高斯建模分析。

①小半径平曲线($R=100\text{m}$)。

小半径平曲线条件下,"改造前"和"改造后"注视次数拟合曲线分别如图5.25、图5.26所示,相应的模型参数分别见表5.13、表5.14。

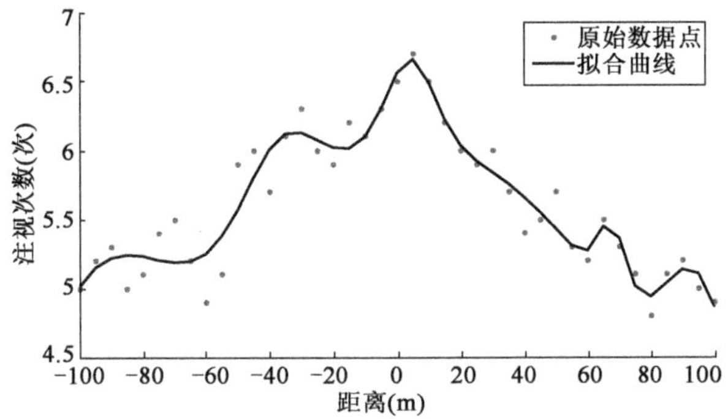

图5.25 "改造前"驾驶人注视次数拟合曲线

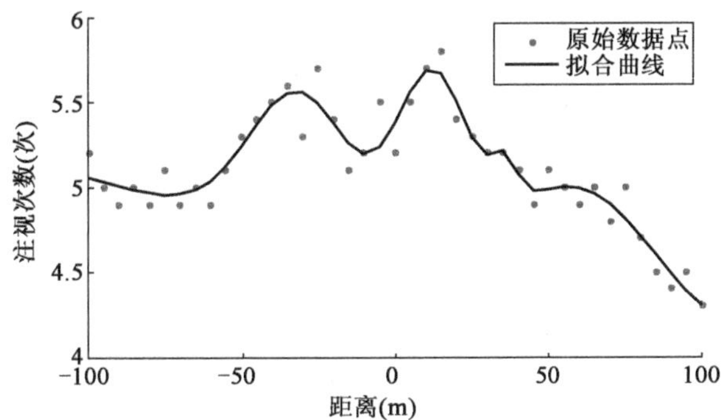

图5.26 "改造后"驾驶人注视次数拟合曲线

"改造前"驾驶人注视次数模型参数表 表5.13

参数	数值	参数	数值	参数	数值	参数	数值	参数	数值	参数	数值	参数	数值
a_1	0.6271	a_2	0.5579	a_3	6.028	a_4	1.66	a_5	0.5015	a_6	1.163	拟合度系数	0.9077
b_1	4.217	b_2	-36.68	b_3	5.428	b_4	-100.9	b_5	67.73	b_6	96.22	调整系数	0.8394
c_1	10.7	c_2	15.78	c_3	137.6	c_4	33.68	c_5	6.298	c_6	16.23	剩余标准差	0.2072

"改造后"驾驶人注视次数模型参数表　　表 5.14

参数	数值	参数	数值	参数	数值	参数	数值	参数	数值	参数	数值
a_1	1.059	a_2	0.8443	a_3	4.088×10^9	a_4	0.2408	a_5	0.7028	拟合度系数	0.9027
b_1	12.21	b_2	-30.55	b_3	-4.014×10^4	b_4	35.44	b_5	60.25	调整系数	0.8503
c_1	16.69	c_2	23.59	c_3	8841	c_4	5.897	c_5	34.06	剩余标准差	0.1337

从总体看,"改造前"和"改造后"驾驶人的平均注视次数均较高,在注视图(图 5.7 和图 5.10)中甚至出现了"后退式回视"现象。相关研究表明,从信息加工角度分析,后退式回视是最不经济的。这表明在小半径平曲线路段,由于视距不良,驾驶人需要通过增加注视次数来及时获取道路信息。

从模型建立过程可以看出,"改造前"和"改造后"注视次数分别符合 6 次高斯拟合函数和 5 次高斯拟合函数,函数的拟合检验度值分别为 0.9077 和 0.9027,函数拟合良好,模型有效。

②中等半径平曲线($R=200$m)。

中等半径平曲线条件下,"改造前"和"改造后"注视次数拟合曲线分别如图 5.27、图 5.28 所示,相应的模型参数分别见表 5.15、表 5.16。

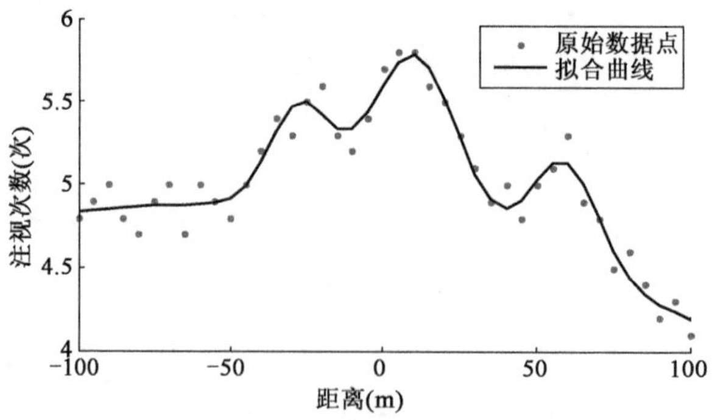

图 5.27　"改造前"驾驶人注视次数拟合曲线

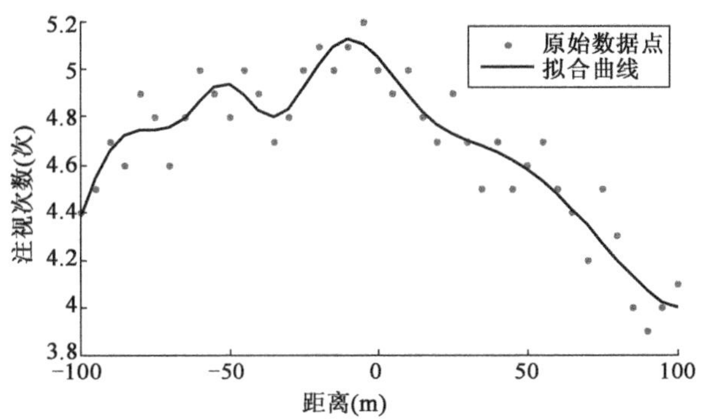

图 5.28 “改造后”驾驶人注视次数拟合曲线

“改造前”驾驶人注视次数模型参数表 表 5.15

参数	数值	参数	数值	参数	数值	参数	数值	参数	数值
a_1	1.046	a_2	0.6253	a_3	0.6562	a_4	4.877	拟合度系数	0.9447
b_1	10.09	b_2	-27.15	b_3	58.94	b_4	-61.22	调整系数	0.9238
c_1	20.34	c_2	13.89	c_3	15.28	c_4	415	剩余标准差	0.1145

“改造后”驾驶人注视次数模型参数表 表 5.16

参数	数值	参数	数值	参数	数值	参数	数值	参数	数值	参数	数值
a_1	0.8517	a_2	0.5089	a_3	4.636	a_4	9.038×10^{13}	a_5	2.865	拟合度系数	0.8942
b_1	-14.26	b_2	-50.65	b_3	32.09	b_4	-1362	b_5	-94.6	调整系数	0.8373
c_1	26.36	c_2	15.52	c_3	126.2	c_4	220.5	c_5	49.24	剩余标准差	0.1297

由图 5.27 和图 5.28 分析得知,“改造后”驾驶人的注视次数明显低于“改造前”,而且“改造后”在平曲线的后半段,注视次数逐渐减少,这说明通过合理的改造措施,可以积极改善驾驶人的行车环境,有效降低驾驶人的紧张程度,有利于行车安全。

从模型建立过程可以看出,“改造前”和“改造后”注视次数分别符合 4 次高斯拟合函数和 5 次高斯拟合函数,函数的拟合检验度值分别为 0.9447 和

0.8942,函数拟合良好,模型有效。

③大半径平曲线($R=450$m)。

大半径平曲线条件下,"改造前"和"改造后"驾驶人注视次数拟合曲线分别如图5.29、图5.30所示,相应的模型参数分别见表5.17、表5.18。

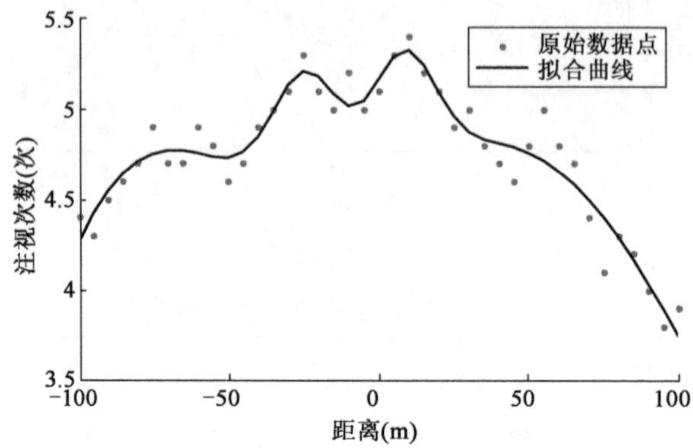

图5.29 "改造前"驾驶人注视次数拟合曲线

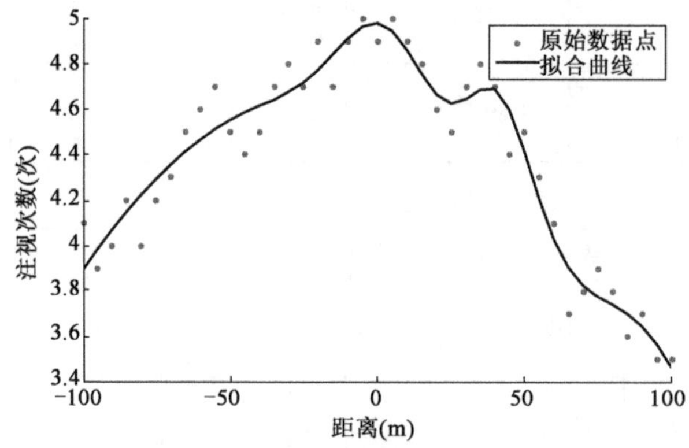

图5.30 "改造后"驾驶人注视次数拟合曲线

"改造前"驾驶人注视次数模型参数表 表5.17

参数	数值	参数	数值	参数	数值	参数	数值	参数	数值
a_1	0.6331	a_2	0.6431	a_3	4.748	a_4	3.178	拟合度系数	0.9156
b_1	8.046	b_2	-23.96	b_3	42.06	b_4	-92.82	调整系数	0.8836
c_1	14.93	c_2	15.53	c_3	118.6	c_4	66.28	剩余标准差	0.1326

"改造后"驾驶人注视次数模型参数表　　表5.18

参数	数值	参数	数值	参数	数值	参数	数值	参数	数值
a_1	0.4137	a_2	4.646	a_3	0.5523	a_4	0.5303	拟合度系数	0.9405
b_1	2.258	b_2	-23.4	b_3	41.93	b_4	98.22	调整系数	0.9179
c_1	20.32	c_2	182	c_3	15.79	c_4	30.91	剩余标准差	0.1274

从图5.29和图5.30中可以看出，在平曲线的后半段，无论是在"改造前"还是"改造后"，注视次数呈现迅速降低趋势，这说明随着平曲线半径的增大，行车视距增大，驾驶人的驾驶负荷逐渐减轻。

从模型建立过程可以看出，"改造前"和"改造后"注视次数均符合4次高斯拟合函数，函数的拟合检验度值分别为0.9156和0.9405，函数拟合良好，模型有效。

5.1.3　扫视特性

(1)小半径平曲线(R=100m)。

小半径平曲线条件下，"改造前"和"改造后"驾驶人扫视图分别如图5.31、图5.32所示。

a)-100m处

b)0m处

c)100m处

图5.31　"改造前"驾驶人扫视图

a)-100m处

b)0m处

c)100m处

图5.32　"改造后"驾驶人扫视图

①扫视幅度。

小半径平曲线条件下,“改造前”和“改造后”驾驶人扫视幅度拟合曲线分别如图5.33、图5.34所示,相应的模型参数分别见表5.19、表5.20。

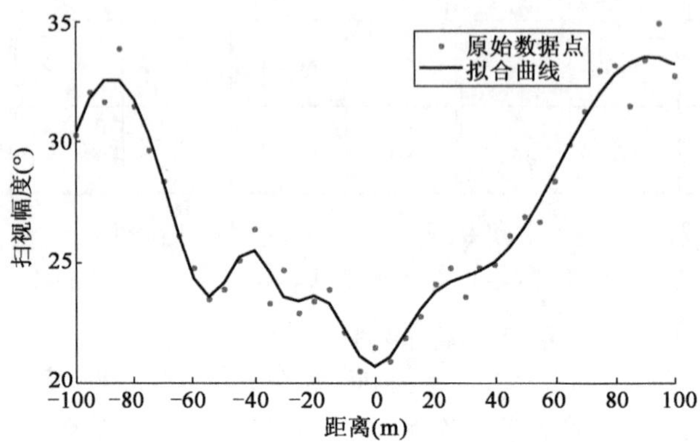

图5.33 “改造前”驾驶人扫视幅度拟合曲线

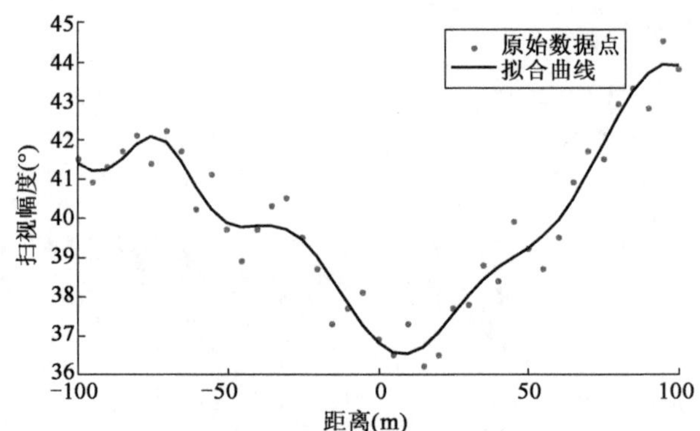

图5.34 “改造后”驾驶人扫视幅度拟合曲线

“改造前”驾驶人扫视幅度模型参数表 表5.19

参数	数值	参数	数值	参数	数值	参数	数值	参数	数值	参数	数值
a_1	33.58	a_2	32.52	a_3	10.6	a_4	10.32	a_5	12.47	拟合度系数	0.9743
b_1	92.11	b_2	-87.93	b_3	12.09	b_4	-40.72	b_5	-19.08	调整系数	0.9605
c_1	76.73	c_2	45.6	c_3	27.67	c_4	13.36	c_5	16.31	剩余标准差	0.8290

"改造后"驾驶人扫视幅度模型参数表　　表 5.20

参数	数值	参数	数值	参数	数值	参数	数值	参数	数值	参数	数值
a_1	43.11	a_2	5.372	a_3	37.58	a_4	30.32	a_5	5.184	拟合度系数	0.9410
b_1	100.4	b_2	-73.21	b_3	-37.47	b_4	-119	b_5	34.15	调整系数	0.9092
c_1	76.28	c_2	19.39	c_3	69.25	c_4	39.05	c_5	27.88	剩余标准差	0.6450

如图 5.33、图 5.34 所示,"改造前"和"改造后"驾驶人的扫视幅度变化较大。总体来看,"改造前"驾驶人的扫视范围较小,尤其在平曲线"曲中点"处扫视范围内急剧下降。"改造后"驾驶人的扫视范围明显扩大,扫视特性明显。

从模型建立过程可以看出,"改造前"和"改造后"扫视幅度均服从 5 次高斯拟合函数,函数的拟合检验度值分别为 0.9743 和 0.9410,函数拟合良好,模型有效。

②扫视速度。

小半径平曲线条件下,"改造前"和"改造后"驾驶人扫视速度拟合曲线分别如图 5.35、图 5.36 所示,相应的模型参数分别见表 5.21、表 5.22。

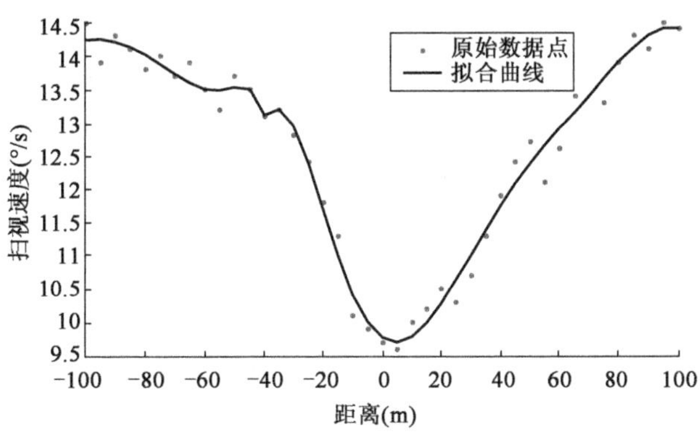

图 5.35 "改造前"驾驶人扫视速度拟合曲线

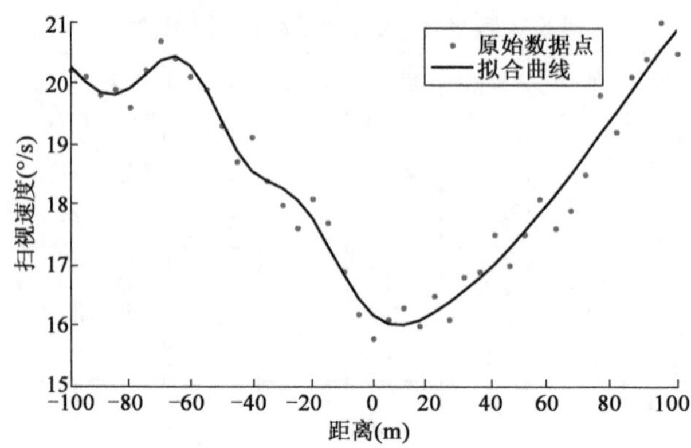

图 5.36 “改造后”驾驶人扫视速度拟合曲线

“改造前”驾驶人扫视速度模型参数表 表 5.21

参数	数值	参数	数值	参数	数值	参数	数值	参数	数值	参数	数值	参数	数值
a_1	12.84	a_2	14.24	a_3	-0.163	a_4	-0.446	a_5	3.909	a_6	1.976	拟合度系数	0.9785
b_1	106.5	b_2	-96.75	b_3	-59.51	b_4	-39.25	b_5	42.11	b_6	-32.83	调整系数	0.9627
c_1	56.76	c_2	128.6	c_3	0.3145	c_4	37.66	c_5	13.68	c_6	21.21	剩余标准差	0.3031

“改造后”驾驶人扫视速度模型参数表 表 5.22

参数	数值	参数	数值	参数	数值	参数	数值	参数	数值	参数	数值
a_1	23.26	a_2	-5.157	a_3	19.98	a_4	-372.2	a_5	378.7	拟合度系数	0.9624
b_1	167.3	b_2	-48.32	b_3	-140.4	b_4	-44.57	b_5	-44.62	调整系数	0.9422
c_1	177	c_2	35.04	c_3	133	c_4	24.56	c_5	24.76	剩余标准差	0.3809

如图 5.35、图 5.36 所示，“改造前”和“改造后”驾驶人的扫视速度变化趋势相似，均呈现出“先降后升”的变化趋势。但总体来看，“改造后”驾驶人的扫视速度明显有所提高。

从模型建立过程可以看出，“改造前”和“改造后”扫视速度分别服从 6 次和

5 次高斯拟合函数,函数的拟合检验度值分别为 0.9785 和 0.9624,函数拟合良好,模型有效。

(2)中等半径平曲线($R=200\text{m}$)。

中等半径平曲线条件下,“改造前”和“改造后”驾驶人扫视图分别如图 5.37、图 5.38 所示。

a)-100m处　　b)0m处　　c)100m处

图 5.37　“改造前”驾驶人扫视图

a)-100m处　　b)0m处　　c)100m处

图 5.38　“改造后”驾驶人扫视图

①扫视幅度。

中等半径平曲线条件下,“改造前”和“改造后”驾驶人扫视幅度拟合曲线分别如图 5.39、图 5.40 所示,相应的模型参数见表 5.23、表 5.24。

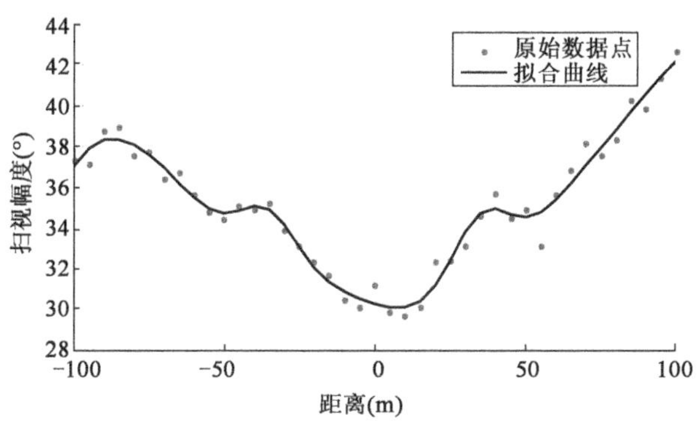

图 5.39　“改造前”驾驶人扫视幅度拟合曲线

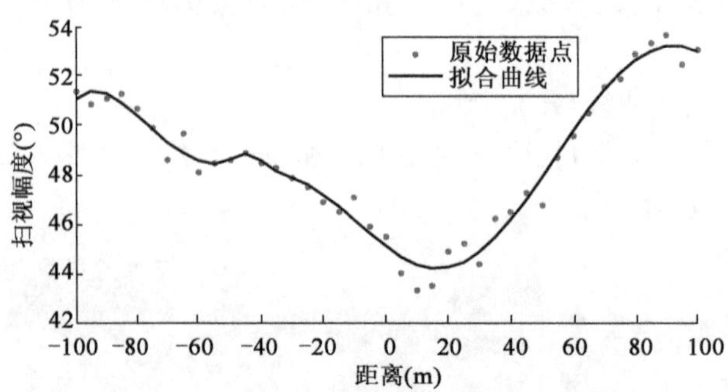

图 5.40 “改造后”驾驶人扫视幅度拟合曲线

“改造前”驾驶人扫视幅度模型参数表 表 5.23

参数	数值	参数	数值	参数	数值	参数	数值	参数	数值	参数	数值
a_1	51.08	a_2	27.5	a_3	3.274	a_4	2.355	a_5	8.239	拟合度系数	0.9703
b_1	200.2	b_2	-96.77	b_3	34.96	b_4	-35.21	b_5	-26.83	调整系数	0.9544
c_1	229.1	c_2	52.32	c_3	13.45	c_4	13.12	c_5	43.17	剩余标准差	0.6877

“改造后”驾驶人扫视幅度模型参数表 表 5.24

参数	数值	参数	数值	参数	数值	参数	数值	参数	数值
a_1	53.14	a_2	41.92	a_3	0.6428	a_4	29.72	拟合度系数	0.9635
b_1	93.6	b_2	-109.5	b_3	-44.53	b_4	-37.54	调整系数	0.9590
c_1	111.3	c_2	49.66	c_3	7.309	c_4	54.77	剩余标准差	0.5757

如图 5.37、图 5.38 所示，“改造前”和“改造后”驾驶人的扫视幅度变化仍然较明显。总体来看，“改造前”驾驶人的扫视范围较小，而且扫视幅度最小处仍出现在平曲线“曲中点”处，但整体扫视幅度范围已明显大于小半径平曲线（R =

100m)。“改造后”驾驶人的扫视范围进一步增大,在整个平曲线上扫视特性均较明显。

从模型建立过程可以看出,“改造前”扫视幅度服从 5 次高斯拟合函数,“改造后”扫视幅度服从 4 次高斯拟合函数,函数的拟合检验度值分别为 0.9703 和 0.9635,函数拟合良好,模型有效。

②扫视速度。

中等半径平曲线条件下,“改造前”和“改造后”驾驶人扫视速度拟合曲线分别如图 5.41、图 5.42 所示,相应的模型参数分别见表 5.25、表 5.26。

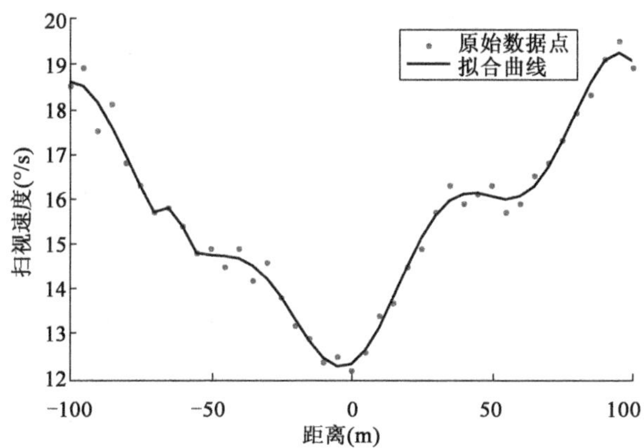

图 5.41 “改造前”驾驶人扫视速度拟合曲线

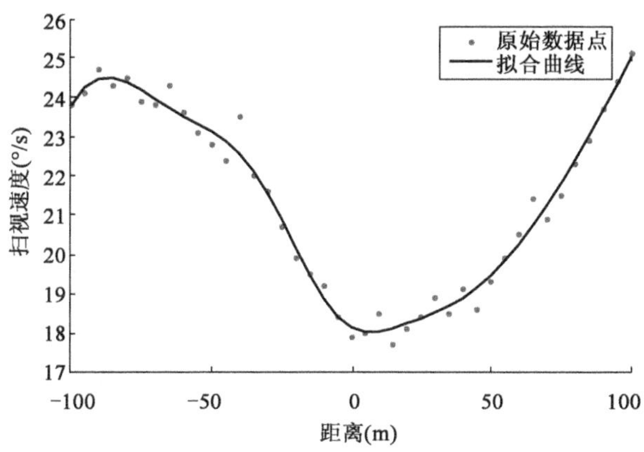

图 5.42 “改造后”驾驶人扫视速度拟合曲线

"改造前"驾驶人扫视速度模型参数表 表 5.25

参数	数值	参数	数值	参数	数值	参数	数值	参数	数值	参数	数值
a_1	17.79	a_2	18.35	a_3	14.68	a_4	2.602	a_5	10.56	拟合度系数	0.9876
b_1	100.3	b_2	-101.3	b_3	34.36	b_4	-62.58	b_5	-32.19	调整系数	0.9809
c_1	38.58	c_2	49.69	c_3	41.81	c_4	1.941	c_5	35.18	剩余标准差	0.2776

"改造后"驾驶人扫视速度模型参数表 表 5.26

参数	数值	参数	数值	参数	数值	参数	数值	参数	数值
a_1	2.161×10^6	a_2	13.78	a_3	-2.585	a_4	10.28	拟合度系数	0.9833
b_1	4076	b_2	-102.7	b_3	-7.919	b_4	-35.96	调整系数	0.9769
c_1	1179	c_2	44.09	c_3	26.04	c_4	52.35	剩余标准差	0.3647

如图 5.41 和图 5.42 所示，"改造前"驾驶人扫视速度呈现"波浪式"变化，扫视速度波动较大；"改造后"驾驶人的扫视速度变化较平稳，尤其在平曲线后半段，扫视速度平稳上升。

从模型建立过程可以看出，"改造前"和"改造后"扫视速度分别服从 6 次和 5 次高斯拟合函数，函数的拟合检验度值分别为 0.9876 和 0.9833，函数拟合良好，模型有效。

(3)大半径平曲线($R=450$m)。

大半径平曲线条件下，"改造前"和"改造后"驾驶人扫视图分别如图 5.43、图 5.44 所示。

a)-100m处

b)0m处

c)100m处

图 5.43 "改造前"驾驶人扫视图

a)-100m处

b)0m处

c)100m处

图 5.44　“改造后”驾驶人扫视图

①扫视幅度。

大半径平曲线条件下,“改造前”和“改造后”驾驶人扫视幅度拟合曲线分别如图 5.45、图 5.46 所示,相应的模型参数分别见表 5.27、表 5.28。

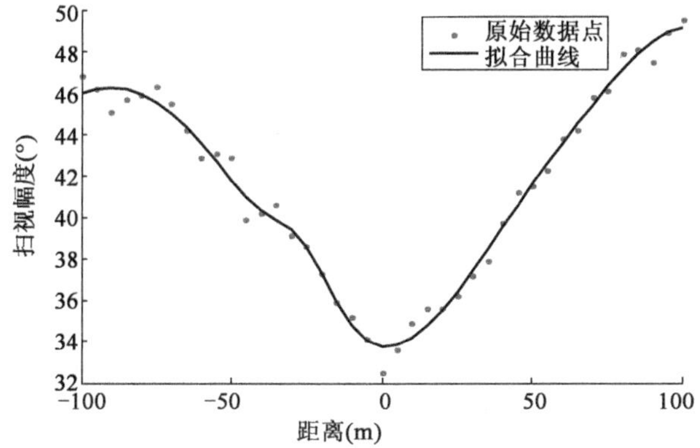

图 5.45　“改造前”驾驶人扫视幅度拟合曲线

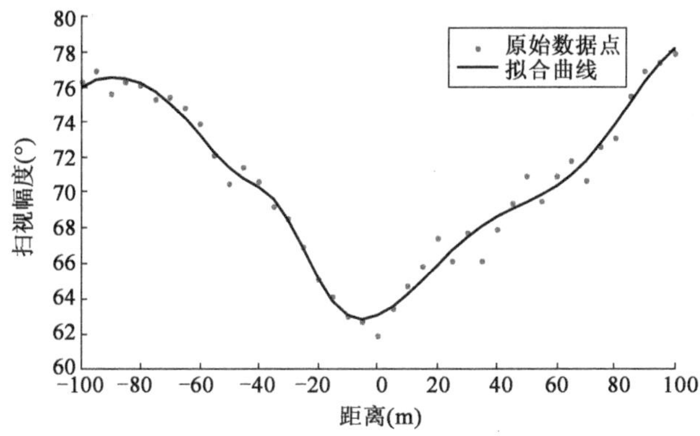

图 5.46　“改造后”驾驶人扫视幅度拟合曲线

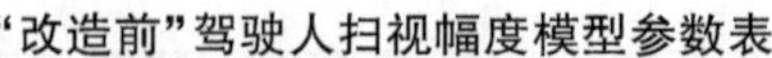

"改造前"驾驶人扫视幅度模型参数表　　　　表 5.27

参数	数值	参数	数值	参数	数值	参数	数值	参数	数值
a_1	44.92	a_2	46.26	a_3	2.194	a_4	9.685	拟合度系数	0.9862
b_1	111.9	b_2	−90.58	b_3	−25.87	b_4	41.38	调整系数	0.9810
c_1	68.77	c_2	122.3	c_3	13.6	c_4	42.75	剩余标准差	0.6629

"改造后"驾驶人扫视幅度模型参数表　　　　表 5.28

参数	数值	参数	数值	参数	数值	参数	数值	参数	数值
a_1	70.73	a_2	76.53	a_3	2.962	a_4	20.02	拟合度系数	0.9782
b_1	116.8	b_2	−88.86	b_3	−32.07	b_4	33.88	调整系数	0.9699
c_1	68.15	c_2	1131.1	c_3	14.76	c_4	43.43	剩余标准差	0.8130

如图 5.43、图 5.44 所示,"改造前"和"改造后"驾驶人的扫视幅度变化范围均较大,在整个平曲线上驾驶人的扫视特性均较明显,表明驾驶人的驾驶负荷明显减轻。

从模型建立过程可以看出,"改造前"和"改造后"驾驶人的扫视幅度均服从 4 次高斯拟合函数,函数的拟合检验度值分别为 0.9862 和 0.9782,函数拟合良好,模型有效。

②扫视速度。

大半径平曲线条件下,"改造前"和"改造后"驾驶人扫视速度拟合曲线分别如图 5.47、图 5.48 所示,相应的模型参数分别见表 5.29、表 5.30。

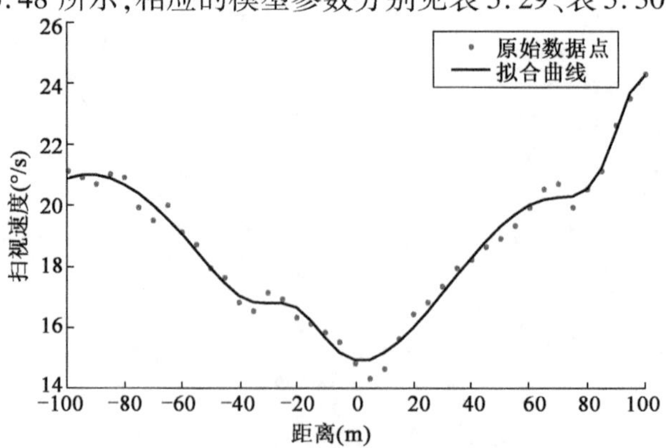

图 5.47　"改造前"驾驶人扫视速度拟合曲线

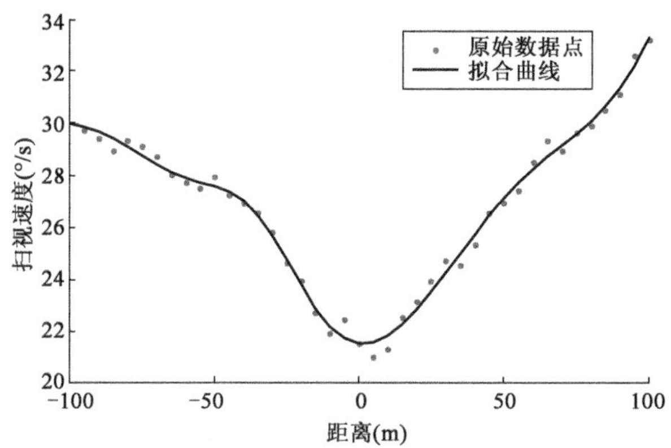

图 5.48 “改造后”驾驶人扫视速度拟合曲线

“改造前”驾驶人扫视速度模型参数表 表 5.29

参数	数值	参数	数值	参数	数值	参数	数值	参数	数值
a_1	7.364	a_2	20.9	a_3	19.1	a_4	1.639	拟合度系数	0.9854
b_1	102.6	b_2	-94.05	b_3	73.94	b_4	-19.69	调整系数	0.9798
c_1	15.07	c_2	95.77	c_3	71.99	c_4	14.74	剩余标准差	0.3463

“改造后”驾驶人扫视速度模型参数表 表 5.30

参数	数值	参数	数值	参数	数值	参数	数值	参数	数值
a_1	119.6	a_2	29.97	a_3	3.079	a_4	16.27	拟合度系数	0.9902
b_1	232.2	b_2	-103.4	b_3	-35.5	b_4	59.4	调整系数	0.9865
c_1	100.9	c_2	125.2	c_3	23.91	c_4	56.6	剩余标准差	0.3713

如图 5.47 和图 5.48 所示,“改造前”和“改造后”驾驶人的扫视速度变化趋势趋于一致,均呈现出 U 形变化趋势。但“改造后”的扫视速度明显提高,这表明通过设置线形诱导标志、清除路肩广告牌等措施,行车视距明显改善。

从模型建立过程可以看出,"改造前"和"改造后"扫视速度均服从4次高斯拟合函数,函数的拟合检验度值分别为0.9854和0.9902,函数拟合良好,模型有效。

5.2 心率变化率

心率是反应个体作业强度及生理负担程度的重要指标。心率随着作业负荷的变化而变化。因此,它是衡量个体承受负荷大小的一个重要指标。

(1)小半径平曲线($R=100$m)。

小半径平曲线条件下,驾驶人心率变化率统计量描述性分析表见表5.31,方差F检验分析表见表5.32。

驾驶人心率变化率统计量描述性分析表　　表5.31

项目	均值	标准差	标准误	极小值	极大值
改造前	35.69	1.82	0.28	32	39
改造后	34.15	0.81	0.12	33	36

方差F检验分析表　　表5.32

项目	平方和	均方差	F值	显著性
组间	50.298	50.298	25.420	0.000
组内	162.252	1.979		

小半径平曲线条件下,"改造前"和"改造后"驾驶人心率变化率拟合曲线分别如图5.49、图5.50所示,相应的模型参数分别见表5.33、表5.34。

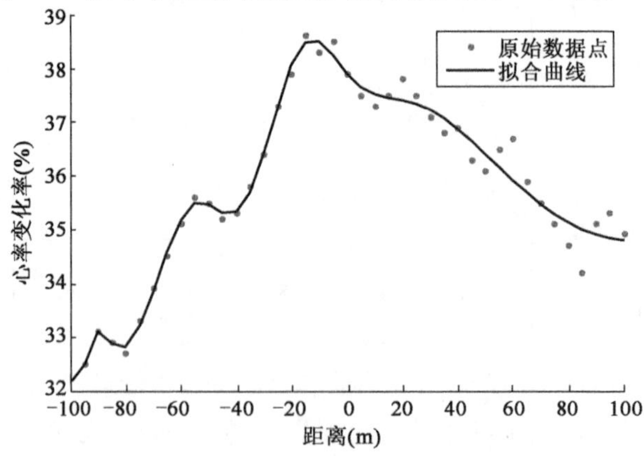

图5.49 "改造前"驾驶人心率变化率拟合曲线

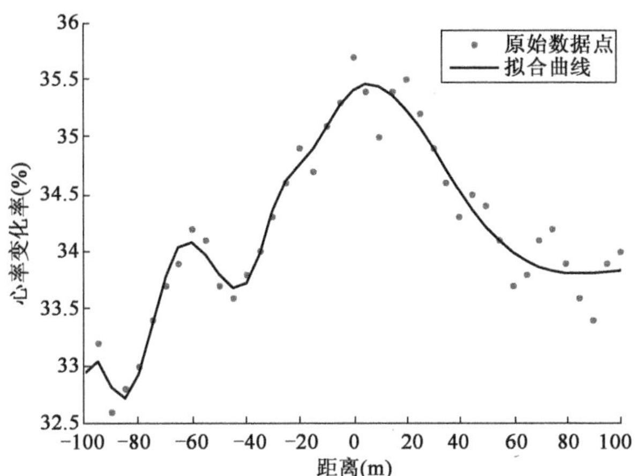

图 5.50　“改造后”驾驶人心率变化率拟合曲线

“改造前”驾驶人心率变化率模型参数表　　　　表 5.33

参数	数值	参数	数值	参数	数值	参数	数值	参数	数值	参数	数值
a_1	2.496	a_2	3.888	a_3	209.7	a_4	2.108	a_5	0.7549	拟合度系数	0.9778
b_1	-16.62	b_2	14.63	b_3	1.042×10^4	b_4	-56.6	b_5	-89.42	调整系数	0.9658
c_1	17.35	c_2	53.68	c_3	7681	c_4	15.91	c_5	5.115	剩余标准差	0.3217

“改造后”驾驶人心率变化率模型参数表　　　　表 5.34

参数	数值	参数	数值	参数	数值	参数	数值	参数	数值	参数	数值
a_1	6.423	a_2	33.77	a_3	7.529	a_4	8.577	a_5	0.4707	拟合度系数	0.9479
b_1	-14.45	b_2	115.9	b_3	-73.78	b_4	-105.1	b_5	-27.7	调整系数	0.9199
c_1	59.11	c_2	309	c_3	29.98	c_4	18.11	c_5	9.985	剩余标准差	0.2205

从表5.33、表5.34中可以看出，“改造前”和“改造后”驾驶人的平均心率变化率均较高，同时表现出显著性差异($p<0.01$)。从拟合曲线来看，驾驶人心率

变化率均呈现“波浪形”变化趋势，而且最高点都出现在平曲线“曲中点”附近。这表明在小半径平曲线上行车时，无论“改造前”还是“改造后”，驾驶人的行车负荷都比较大，这一点与前面的视觉特性分析相吻合。

从模型建立过程可以看出，“改造前”和“改造后”驾驶人心率变化率均服从5次高斯拟合函数，函数的拟合检验度值分别为0.9778和0.9479，函数拟合良好，模型有效。

(2)中等半径平曲线($R=200$m)。

中等半径平曲线条件下，驾驶人心率变化率统计量描述性分析表见表5.35，方差F检验分析表见表5.36。

驾驶人心率变化率统计量描述性分析表 表5.35

项目	均值	标准差	标准误	极小值	极大值
改造前	32.42	1.52	0.18	29	34
改造后	29.37	1.14	0.24	27	32

方差F检验分析表 表5.36

项目	平方和	均方差	F值	显著性
组间	190.55	190.549	104.851	0.000
组内	145.39	1.817		

中等半径平曲线条件下，“改造前”和“改造后”驾驶人心率变化率拟合曲线分别如图5.51、图5.52所示，相应的模型参数分别见表5.37、表5.38。

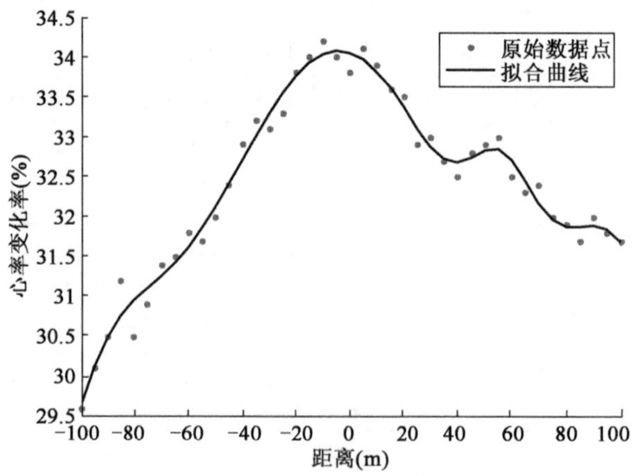

图5.51 “改造前”驾驶人心率变化率拟合曲线

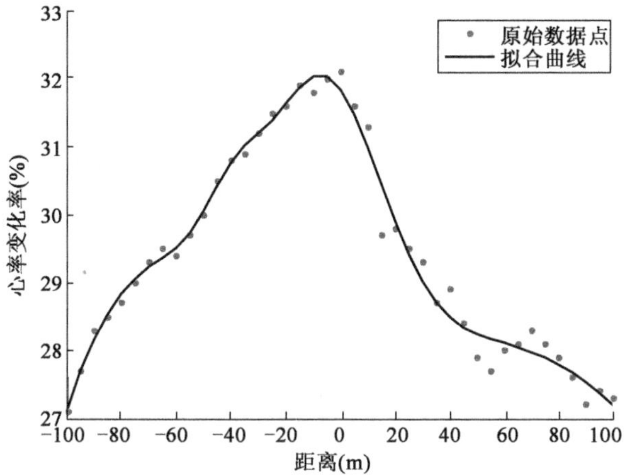

图 5.52 “改造后”驾驶人心率变化率拟合曲线

“改造前”驾驶人心率变化率模型参数表 表 5.37

参数	数值	参数	数值	参数	数值	参数	数值	参数	数值
a_1	33.99	a_2	1.366	a_3	8.659	a_4	13.15	拟合度系数	0.9781
b_1	-4.095	b_2	56.52	b_3	-112.5	b_4	116.5	调整系数	0.9698
c_1	142.2	c_2	17.22	c_3	47.13	c_4	49.93	剩余标准差	0.1991

“改造后”驾驶人心率变化率模型参数表 表 5.38

参数	数值	参数	数值	参数	数值	参数	数值	参数	数值
a_1	3.789	a_2	0.796	a_3	27.94	a_4	9.092	拟合度系数	0.9811
b_1	-5.548	b_2	-38.98	b_3	59.8	b_4	-94.24	调整系数	0.9740
c_1	29.61	c_2	14.32	c_3	242.7	c_4	75.15	剩余标准差	0.2501

从表5.37、表5.38中可以看出，“改造前”和“改造后”驾驶人的平均心率变化率表现出显著性差异($p<0.01$)，“改造后”驾驶人的平均心率变化率明显低于“改造前”。从拟合曲线来看，“改造前”和“改造后”驾驶人心率变化率的

变化规律也有较大差别。“改造前”驾驶人的心率变化率先快速上升，然后呈“波浪式”下降；而“改造后”心率变化率先快速上升，然后快速下降，呈倒V形，这表明通过“安全生命防护工程”改造后，道路行车环境逐渐改善，驾驶人心理负荷减轻，改善措施效果显著。

从模型建立过程可以看出，“改造前”和“改造后”心率变化率均服从4次高斯拟合函数，函数的拟合检验度值分别为0.9781和0.9811，函数拟合良好，模型有效。

(3)大半径平曲线($R=450$m)。

大半径平曲线条件下，驾驶人心率变化率统计量描述性分析表见表5.39，方差F检验分析表见表5.40。

驾驶人心率变化率统计量描述性分析表 表5.39

项目	均值	标准差	标准误	极小值	极大值
改造前	29.00	1.19	0.19	27	31
改造后	25.67	0.79	0.12	24	27

方差F检验分析表 表5.40

项目	平方和	均方差	F值	显著性
组间	227.556	227.556	222.128	0.000
组内	81.955	1.024		

大半径平曲线条件下，“改造前”和“改造后”驾驶人心率变化率拟合曲线分别如图5.53、图5.54所示，相应的模型参数分别见表5.41、表5.42。

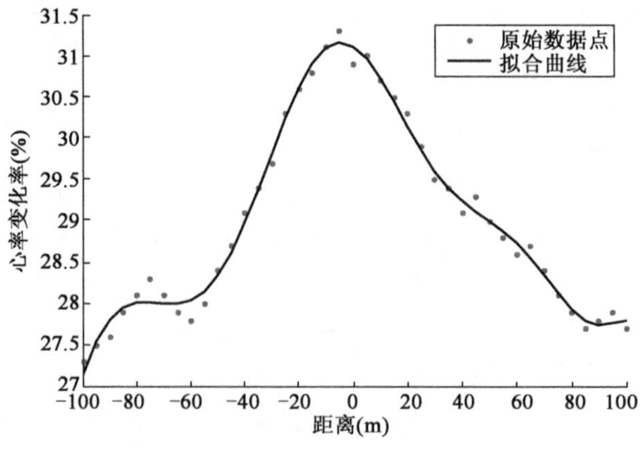

图5.53 “改造前”驾驶人心率变化率拟合曲线

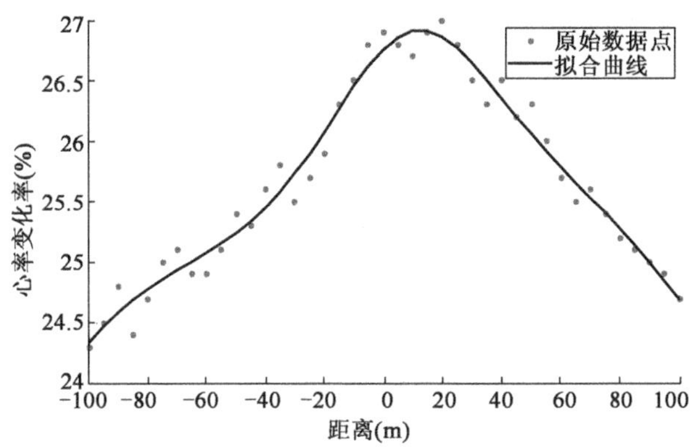

图5.54　"改造后"驾驶人心率变化率拟合曲线

"改造前"驾驶人心率变化率模型参数表　　　表5.41

参数	数值	参数	数值	参数	数值	参数	数值	参数	数值
a_1	13.04	a_2	26.7	a_3	26.98	a_4	9.094	拟合度系数	0.9901
b_1	−8.481	b_2	68.55	b_3	−92.6	b_4	120.7	调整系数	0.9864
c_1	46.59	c_2	73.39	c_3	81.14	c_4	28.77	剩余标准差	0.1391

"改造后"驾驶人心率变化率模型参数表　　　表5.42

参数	数值	参数	数值	参数	数值	参数	数值
a_1	1.028	a_2	2.488	a_3	25.91	拟合度系数	0.9692
b_1	9.776	b_2	−128.8	b_3	28	调整系数	0.9615
c_1	34.39	c_2	70.41	c_3	327.4	剩余标准差	0.1555

从表5.41、表5.42中可以看出，"改造前"和"改造后"驾驶人的平均心率变化率表现出显著性差异($p<0.01$)，"改造后"驾驶人的平均心率变化率明显降低。从拟合曲线来看，"改造前"和"改造后"驾驶人心率变化率的变化规律相似，均呈倒V形，这表明随着平曲线半径的增大，驾驶人的行车负荷也在逐渐减轻，同时也印证了视觉特性分析的相关结论。

从模型建立过程可以看出，"改造前"心率变化率服从4次高斯拟合函数，"改造后"心率变化率服从3次高斯拟合函数，函数的拟合检验度值分别为0.9901和0.9692，函数拟合良好，模型有效。

5.3 驾驶操作行为特性

5.3.1 速度

(1)小半径平曲线($R=100$m)。

小半径平曲线条件下,驾驶人速度统计量描述性分析表见表5.43、方差F检验分析表见表5.44。

驾驶人速度统计量描述性分析表 表5.43

项目	均值	标准差	标准误	极小值	极大值
改造前	29.99	2.21	0.35	26	35
改造后	31.13	2.96	0.26	27	37

方差F检验分析表 表5.44

项目	平方和	均方差	F值	显著性
组间	26.596	26.596	3.898	0.052
组内	545.851	6.823		

小半径平曲线条件下,"改造前"和"改造后"驾驶人速度拟合曲线分别如图5.55、图5.56所示,相应的模型参数分别见表5.45、表5.46。

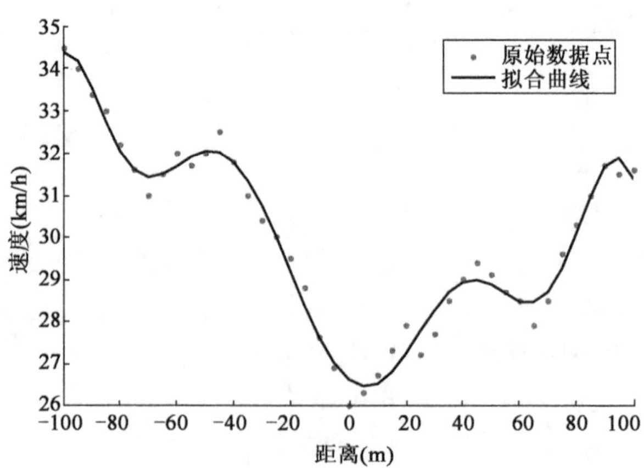

图5.55 "改造前"驾驶人速度拟合曲线

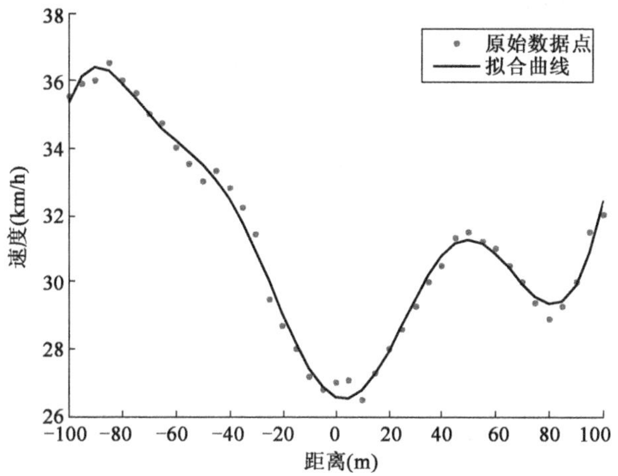

图5.56　“改造后”驾驶人速度拟合曲线

“改造前”驾驶人速度模型参数表　　　　表5.45

参数	数值	参数	数值	参数	数值	参数	数值	参数	数值
a_1	18.63	a_2	25.26	a_3	31.65	a_4	22.74	拟合度系数	0.9794
b_1	-109.5	b_2	102.8	b_3	-46.78	b_4	49.15	调整系数	0.9716
c_1	29.55	c_2	31.76	c_3	69.49	c_4	43.92	剩余标准差	0.3728

“改造后”驾驶人速度模型参数表　　　　表5.46

参数	数值	参数	数值	参数	数值	参数	数值	参数	数值
a_1	24.12	a_2	352.7	a_3	30.35	a_4	24.61	拟合度系数	0.9900
b_1	-105.8	b_2	290.1	b_3	-45.55	b_4	46	调整系数	0.9862
c_1	37.72	c_2	116.9	c_3	55.84	c_4	49.04	剩余标准差	0.3474

从表5.45、表5.46可以看出,“改造前”和“改造后”驾驶人的平均行车速度均值较为接近,没有表现出显著性差异($p>0.05$)。这主要是因为在小半径平曲线路段,由于道路条件较差,行车视距受限,驾驶人对前方道路情况不了解,因

此通过降低车速来保证行车安全。"改造后"虽然采取了在路侧加装了护栏、铺设了震动减速带等措施,但由于没有挖边坡的视距平台和清除边坡上影响视距的草木,故对行车视距的改善有限,导致驾驶人的行车速度较慢。从速度拟合曲线来看,"改造前"和"改造后"行车速度变化趋势相似,均表现出先降后升的"波浪式"变化趋势,而且行车速度最低点都在平曲线"曲中点"附近。

从模型建立过程可以看出,"改造前"和"改造后"行车速度均服从 4 次高斯拟合函数,函数的拟合检验度值分别为 0.9794 和 0.9900,函数拟合良好,模型有效。

(2)中等半径平曲线($R=200$m)。

中等半径平曲线条件下,驾驶人速度统计量描述性分析表见表 5.47,方差 F 检验分析表见表 5.48。

驾驶人速度统计量描述性分析表 表 5.47

项　目	均　值	标准差	标准误	极小值	极大值
改造前	32.88	2.27	0.35	29	38
改造后	34.80	1.95	0.30	31	39

方差 F 检验分析表 表 5.48

项　目	平方和	均方差	F 值	显著性
组间	75.149	75.149	16.785	0.000
组内	358.178	4.477		

中等半径平曲线条件下,"改造前"和"改造后"驾驶人速度拟合曲线分别如图 5.57、图 5.58 所示,相应的模型参数分别见表 5.49、表 5.50。

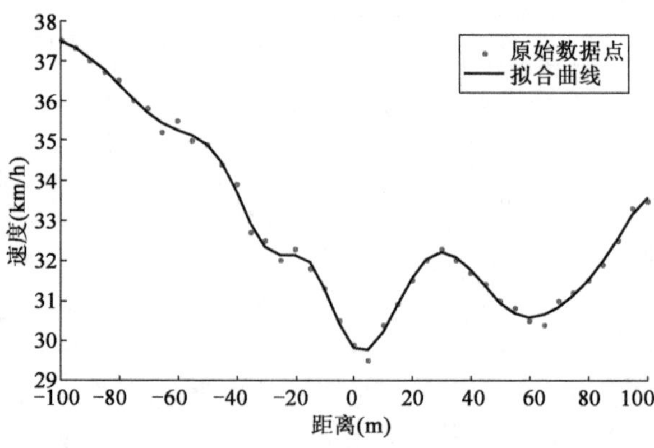

图 5.57 "改造前"驾驶人速度拟合曲线

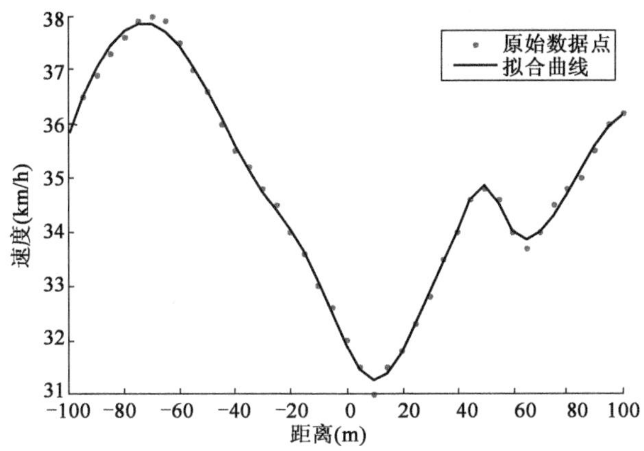

图5.58　“改造后”驾驶人速度拟合曲线

“改造前”驾驶人速度模型参数表　　表5.49

参数	数值	参数	数值	参数	数值	参数	数值	参数	数值	参数	数值	参数	数值
a_1	37.57	a_2	2.579	a_3	18.17	a_4	13.03	a_5	3.714	a_6	19.01	拟合度系数	0.9970
b_1	-108.1	b_2	-43.12	b_3	114.2	b_4	30.39	b_5	-14.86	b_6	81.04	调整系数	0.9947
c_1	154.2	c_2	18.97	c_3	24.96	c_4	32.44	c_5	14.57	c_6	35.25	剩余标准差	0.1652

“改造后”驾驶人速度模型参数表　　表5.50

参数	数值	参数	数值	参数	数值	参数	数值	参数	数值	参数	数值
a_1	37.73	a_2	33.48	a_3	1.042	a_4	2.31	a_5	5.702	拟合度系数	0.9970
b_1	-74.2	b_2	112.7	b_3	49.87	b_4	-10.77	b_5	36.69	调整系数	0.9954
c_1	112.9	c_2	79.42	c_3	9.047	c_4	21.27	c_5	29.04	剩余标准差	0.1327

从表5.49、表5.50中可以看出，“改造前”和“改造后”驾驶人的平均行车速度表现出显著性差异($p<0.01$)。从行车速度拟合曲线来看，“改造前”行车速度总体呈“先降后升”趋势，这主要是由于“改造前”道路上缺少指示、警告标志等道路交通标志，驾驶人以较高的速度驶入平曲线，随着道路行车环境变差，驾驶人不愿破坏其原来的行车节奏，“心理学惰性”表现明显。随着行车环境的进一步恶化，驾驶人被迫降低车速，随着道路环境的改善，驾驶人逐渐提高行车速度；而“改造后”行车速度表现出“先升后降再升”的变化趋势，这主要是由于“改

造后”在道路两侧加装了道路指示标志、防撞护栏等设施,使驾驶人在进入平曲线之前有一定的心理预期,因此降低了行车速度。进入平曲线后,随着驾驶人对道路环境逐渐熟悉,出现提高车速的情况,然后随着道路环境的进一步恶化,行车速度逐渐减低,驶过“曲中点”后,前方道路环境逐渐好转,行车速度随之提高,直至驶出平曲线。

从模型建立过程可以看出,“改造前”行车速度服从6次高斯拟合函数,“改造后”行车速度服从5次高斯拟合函数,函数的拟合检验度值分别为0.9970和0.9954,函数拟合良好,模型有效。

(3)大半径平曲线(R=450m)。

大半径平曲线条件下,驾驶人速度统计量描述性分析表见表5.51,方差F检验分析表见表5.52。

驾驶人速度统计量描述性分析表　　表5.51

项　目	均　值	标准差	标准误	极小值	极大值
改造前	37.20	2.00	0.31	34	41
改造后	38.62	1.86	0.29	36	43

方差F检验分析表　　表5.52

项　目	平方和	均方差	F 值	显著性
组间	41.308	41.308	11.077	0.001
组内	298.344	3.729		

大半径平曲线条件下,“改造前”和“改造后”驾驶人速度拟合曲线分别如图5.59、图5.60所示,相应的模型参数分别见表5.53、表5.54。

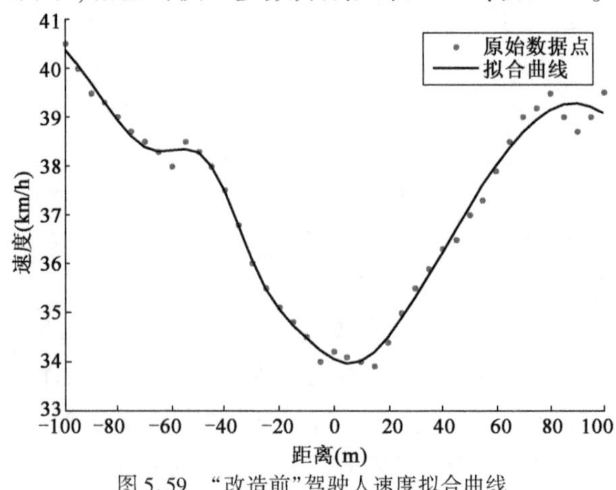

图5.59　“改造前”驾驶人速度拟合曲线

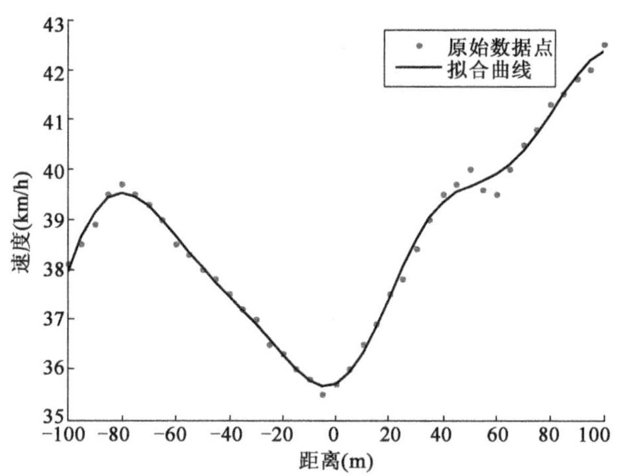

图 5.60 "改造后"驾驶人速度拟合曲线

"改造前"驾驶人速度模型参数表 表 5.53

参数	数值	参数	数值	参数	数值	参数	数值	参数	数值
a_1	38.8	a_2	38.11	a_3	1.034	a_4	3.009	拟合度系数	0.9900
b_1	-126.1	b_2	98.46	b_3	-12.15	b_4	-44.41	调整系数	0.9862
c_1	117.7	c_2	127.9	c_3	16.81	c_4	21.68	剩余标准差	0.2351

"改造后"驾驶人速度模型参数表 表 5.54

参数	数值	参数	数值	参数	数值	参数	数值	参数	数值
a_1	42.01	a_2	38.58	a_3	10.17	a_4	6.687	拟合度系数	0.9937
b_1	106.9	b_2	-86.18	b_3	29.29	b_4	-19.52	调整系数	0.9913
c_1	93.92	c_2	85.31	c_3	36.86	c_4	34.93	剩余标准差	0.1730

从表 5.53、表 5.54 中可以看出,"改造前"和"改造后"驾驶人的平均行车速度较高,表现出显著性差异($p < 0.01$)。从行车速度拟合曲线来看,"改造前"行车速度呈 V 形变化趋势,"改造后"行车速度仍呈现出"先升后降再升"的变化趋势,当驾驶人即将驶出平曲线时速度达到最高值。从模型建立过程可以看出,

"改造前"和"改造后"行车速度均服从4次高斯拟合函数,函数的拟合检验度值分别为0.9900和0.9937,函数拟合良好,模型有效。

5.3.2 转向盘转角

驾驶人在行车过程中通过不断调整转向盘来控制车辆的行驶方向。当道路条件良好时,驾驶人的操作较平稳;当道路条件复杂时,驾驶人调整转向盘的行为会变得频繁。

(1)小半径平曲线($R=100$m)。

小半径平曲线条件下,驾驶人转向盘转角变化率统计量描述性分析表见表5.55,方差F检验分析表见表5.56。

驾驶人转向盘转角变化率统计量描述性分析表 表5.55

项目	均值	标准差	标准误	极小值	极大值
改造前	6.61	0.82	0.13	5.2	8.2
改造后	5.90	0.63	0.09	4.9	7.2

方差F检验分析表 表5.56

项目	平方和	均方差	F值	显著性
组间	10.39	10.39	19.543	0.000
组内	42.56	0.532		

小半径平曲线条件下,"改造前"和"改造后"驾驶人转向盘转角变化率拟合曲线分别如图5.61、图5.62所示,相应的模型参数分别见表5.57、表5.58。

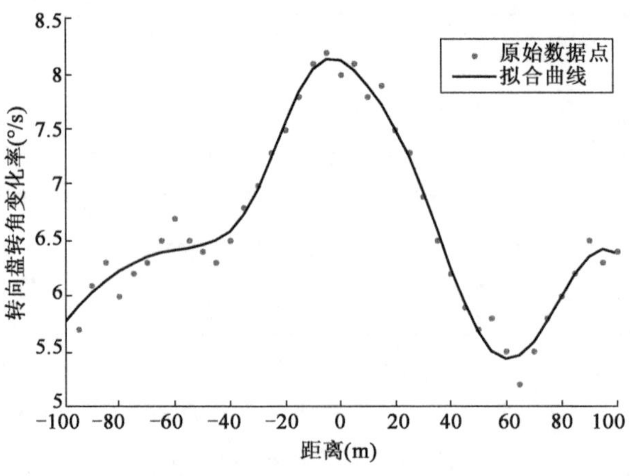

图5.61 "改造前"驾驶人转向盘转角变化率拟合曲线

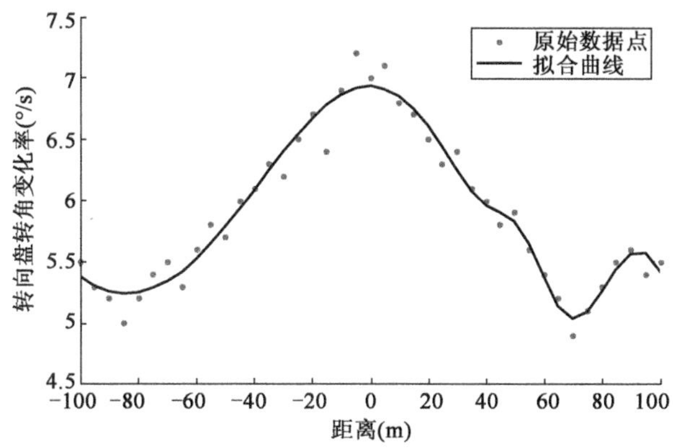

图5.62 “改造后”驾驶人转向盘转角变化率拟合曲线

“改造前”驾驶人转向盘转角变化率模型参数表　　表5.57

参数	数值	参数	数值	参数	数值	参数	数值	参数	数值
a_1	0.9643	a_2	3.076	a_3	6.382	a_4	5.125	拟合度系数	0.9771
b_1	-11.22	b_2	19.54	b_3	-60.2	b_4	101.7	调整系数	0.9684
c_1	20.07	c_2	37.39	c_3	125.2	c_4	42.29	剩余标准差	0.1452

“改造后”驾驶人转向盘转角变化率模型参数表　　表5.58

参数	数值	参数	数值	参数	数值	参数	数值	参数	数值
a_1	5.103	a_2	0.592	a_3	55.27	a_4	3.448	拟合度系数	0.9599
b_1	10.79	b_2	52.87	b_3	-688.1	b_4	99.82	调整系数	0.9447
c_1	76.07	c_2	12.78	c_3	375.7	c_4	29.18	剩余标准差	0.1482

从表5.57、表5.58中可以看出,“改造前”和“改造后”驾驶人的转向盘转角变化率表现出显著性差异($p<0.01$),而且“改造前”转向盘转角变化率的平均值大,标准差分布更离散。从转向盘转角变化率拟合曲线来看,“改造前”转向

盘转角变化波动较大,说明驾驶人操作转向盘较为频繁,通过不断调整行驶轨迹来保证行车安全;"改造后"通过采取设置视线诱导标志、施化道路中心线等措施,对驾驶人的行车轨迹起到了较好的视线诱导作用,使车辆靠近道路中心线附近行驶,转向盘转角变化波动较小。

从模型建立过程可以看出,"改造前"和"改造后"转向盘转角变化率均服从4次高斯拟合函数,函数的拟合检验度值分别为0.9771和0.9599,函数拟合良好,模型有效。

(2)中等半径平曲线($R=200\text{m}$)。

中等半径平曲线条件下,驾驶人转向盘转角变化率统计量描述性分析表见表5.59,方差F检验分析表见表5.60。

驾驶人转向盘转角变化率统计量描述性分析表　　表5.59

项　目	均　值	标准差	标准误	极小值	极大值
改造前	5.75	0.82	0.13	4.4	7.1
改造后	5.11	0.66	0.10	4.1	6.1

方差F检验分析表　　表5.60

项　目	平方和	均方差	F 值	显著性
组间	8.435	8.435	15.257	0.000
组内	44.230	0.553		

中等半径平曲线条件下,驾驶人转向盘转角变化率拟合曲线分别如图5.63、图5.64所示,相应的模型参数分别见表5.61、表5.62。

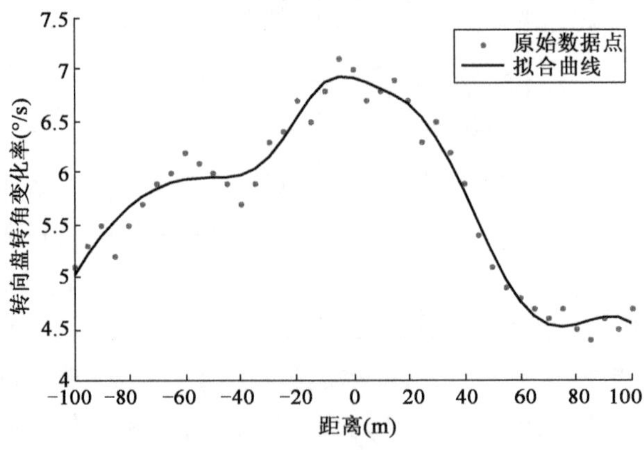

图5.63　"改造前"驾驶人转向盘转角变化率拟合曲线

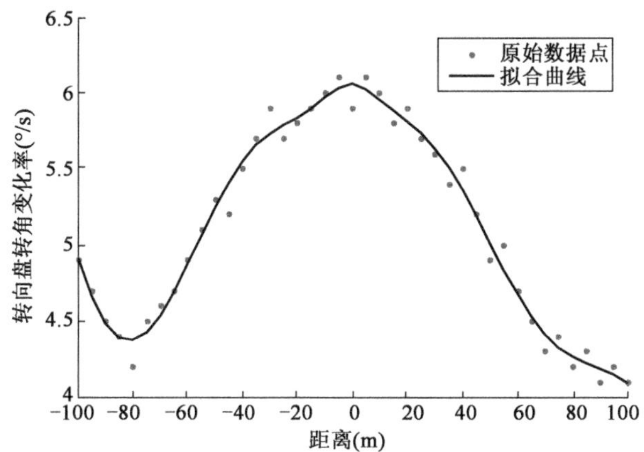

图5.64 “改造后”驾驶人转向盘转角变化率拟合曲线

“改造前”驾驶人转向盘转角变化率模型参数表 表5.61

参数	数值	参数	数值	参数	数值	参数	数值	参数	数值
a_1	2202	a_2	-2199	a_3	5.838	a_4	0.6001	拟合度系数	0.9687
b_1	64.49	b_2	64.48	b_3	-63.11	b_4	-10.83	调整系数	0.9568
c_1	50.87	c_2	50.8	c_3	94.46	c_4	17.61	剩余标准差	0.1697

“改造后”驾驶人转向盘转角变化率模型参数表 表5.62

参数	数值	参数	数值	参数	数值	参数	数值	参数	数值	参数	数值
a_1	0.2342	a_2	3.522	a_3	4.704	a_4	2.335×10^5	a_5	3.558	拟合度系数	0.9829
b_1	-1.054	b_2	-37.66	b_3	26.66	b_4	-1145	b_5	107.5	调整系数	0.9737
c_1	14.06	c_2	44.65	c_3	50.38	c_4	316.8	c_5	50.86	剩余标准差	0.1075

从表5.61、表5.62中可以看出，“改造前”和“改造后”驾驶人的转向盘转角变化率表现出显著性差异($p<0.01$)，“改造前”转向盘转角变化率的极大值和极小值均高于“改造后”，说明“改造前”驾驶人的转向盘调整幅度和频率均较大；“改造后”转向盘转角变化率的均值和标准差均较小。从拟合曲线来看，“改

造后"转向盘转角变化率出现"先降后升"的趋势,结合行车速度分析可以得出,这主要由于驾驶人在进入平曲线之前有一定的心理预期,降低了行车速度,而驶入平曲线后提高车速引起的。相关研究表明,转向盘转角与车速的平方成反比,这与前面的速度分析结论一致。

从模型建立过程可以看出,"改造前"转向盘转角变化率服从4次高斯拟合函数,"改造后"转向盘转角变化率服从5次高斯拟合函数,函数的拟合检验度值分别为0.9687和0.9829,函数拟合良好,模型有效。

(3)大半径平曲线($R=450$m)。

大半径平曲线条件下,驾驶人转向盘转角变化率统计量描述性分析表见表5.63,方差F检验分析表见表5.64。

驾驶人转向盘转角变化率统计量描述性分析表 表5.63

项目	均值	标准差	标准误	极小值	极大值
改造前	5.32	0.49	0.08	4.6	6.2
改造后	4.77	0.31	0.05	4.3	5.3

方差F检验分析表 表5.64

项目	平方和	均方差	F值	显著性
组间	6.174	6.174	36.884	0.000
组内	13.391	0.167		

大半径平曲线条件下,"改造前"和"改造后"驾驶人转向盘转角变化率拟合曲线分别如图5.65、图5.66所示,相应的模型参数分别见表5.65、表5.66。

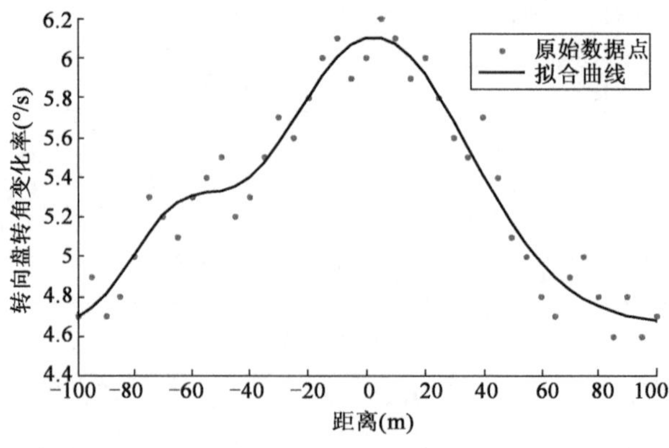

图5.65 "改造前"驾驶人转向盘转角变化率拟合曲线

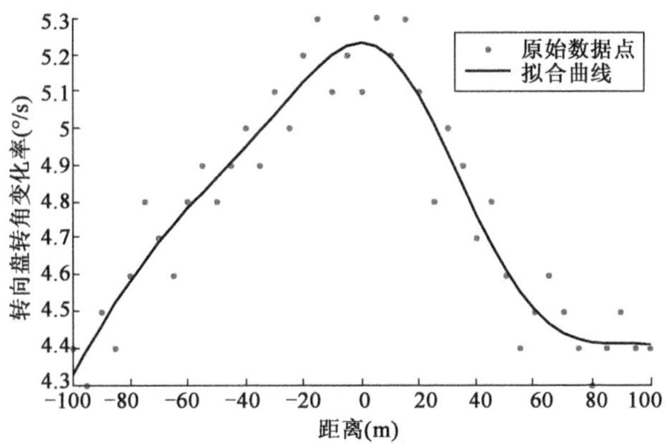

图 5.66 “改造后”驾驶人转向盘转角变化率拟合曲线

“改造前”驾驶人转向盘转角变化率模型参数表　　表 5.65

参数	数值	参数	数值	参数	数值	参数	数值
a_1	1.456	a_2	0.4584	a_3	5.009	拟合度系数	0.9418
b_1	2.686	b_2	-65.61	b_3	4923	调整系数	0.9273
c_1	46.43	c_2	22.85	c_3	1.804×10^4	剩余标准差	0.1315

“改造后”驾驶人转向盘转角变化率模型参数表　　表 5.66

参数	数值	参数	数值	参数	数值	参数	数值
a_1	0.3884	a_2	4.912	a_3	1.18	拟合度系数	0.9259
b_1	7.806	b_2	-22.72	b_3	131.5	调整系数	0.9148
c_1	35.94	c_2	216.6	c_3	54.65	剩余标准差	0.1010

从表 5.65、表 5.66 中可以看出，“改造前”和“改造后”驾驶人的转向盘转角变化率表现出显著性差异($p<0.01$)，均值和标准差均较小。从拟合曲线来看，“改造前”和“改造后”驾驶人转向盘转角变化率均呈现倒 V 形，说明道路环境的改善使驾驶人对转向盘的操作更有规律性和节奏感，有利于行车安全。

从模型建立过程可以看出，“改造前”转向盘转角变化率均服从 3 次高斯拟合函数，函数的拟合检验度值分别为 0.9418 和 0.9259，函数拟合良好，模型有效。

5.4 本章小结

本章重点研究了平面线形中视距不良路段驾驶人的驾驶行为,并对小于600m的平曲线进行了分类,分别对小半径平曲线($R \leqslant 150$m,选取$R=100$m)、中等半径平曲线($150\text{m}<R<400\text{m}$,选取$R=200$m)和大半径平曲线($400\text{m} \leqslant R<600\text{m}$,选取$R=450$m)三种情况进行了研究。借助Matlab软件,对驾驶人的眼动指标、生理指标、车辆运行特征参数进行了高斯函数曲线拟合分析,并对比分析了"公路安全生命防护工程"实施前后的效果。

第6章 通过村镇路段驾驶人驾驶行为研究

通过村镇的道路通常将村镇分成两部分，道路上人流、车流汇集在一起，使得通过村镇路段的道路条件变得更加复杂。一方面，穿行于村镇间的车流使居民之间的联系变得困难；另一方面，位于行车道两边的房屋、建筑、停在路边的车辆、来往的行人等都使通过村镇车辆的通行变得更加复杂化。相关研究表明，通过村镇路段的事故比一般道路的交通事故多，主要事故类型为撞到行人、非机动车和路边固定物。因此，研究驾驶人通过村镇路段的驾驶行为特性具有重要的意义。

为了便于研究，本章将通过村镇的路段分为三部分：村镇入口段、通过村镇段、村镇出口段，并以村镇中心为坐标中心点，取前后各100m的路段作为重点观测路段，以5m为单位作为观测点，对观测路段前后50m进行模型预测分析，如图6.1所示。通过实时采集驾驶人在通过村镇路段时驾驶人的眼动、生理指标、车辆的部分运行特征参数，分析驾驶人通过村镇路段时的驾驶行为。

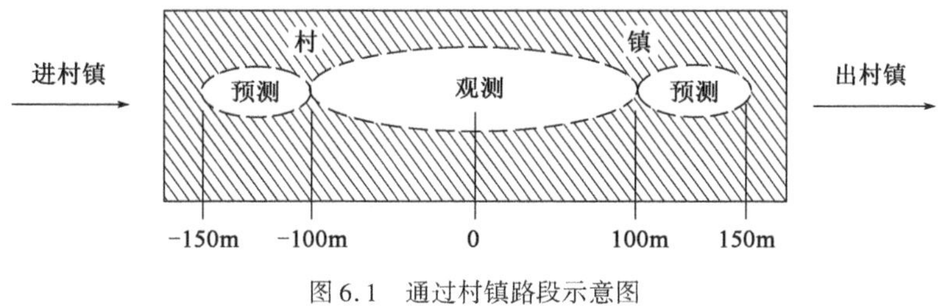

图6.1 通过村镇路段示意图

6.1 眼动指标特性

6.1.1 瞳孔变化

“改造前”驾驶人在通过村镇路段时瞳孔直径变化剧烈，平均瞳孔直径在35像素左右，瞳孔直径变化范围为0～45像素。在进村镇方向，随着车辆、行人等增多,行车环境变得更加复杂,驾驶人的瞳孔直径开始剧烈变化;进入村镇后,由于村镇紧邻道路,行人出行占用机动车道现象突出,部分机动车和非机动车违章停放等现象严重,导致驾驶人行车时精神高度紧张,表现为瞳孔直径剧烈变化;当车辆驶离村镇路段时,随着行车条件的好转,驾驶人的瞳孔直径变化也趋于平缓。

“改造后”驾驶人在通过村镇路段时,瞳孔直径与“改造前”相比总体变化幅度明显减弱,平均瞳孔直径在 20 像素左右,瞳孔直径变化范围为 0 ~ 30 像素。但在通过村镇时,驾驶人的瞳孔直径变化仍然很剧烈。这说明由于目前我国农村公路上普遍存在住宅侵占道路红线的问题,导致行车道被严重挤压,再加上行人随意横穿马路现象突出,总体的行车环境复杂,驾驶人的心理负荷较重。

为了更有效地分析驾驶人在通过村镇路段的驾驶行为特性,选用 BP 神经网络模型对通过村镇路段时驾驶人的眼动指标进行定量分析。BP 神经网络具有分布式并行处理和自学习机制,通过训练和学习,可以逼近任意非线性函数,近年在认知心理学领域的研究应用逐渐增多。

在分析驾驶人瞳孔面积变化率的神经网络模型中,传递函数采用 tansig 正切函数,输出函数采用 logsig 函数,中间层神经元个数取 10 个,训练步数为 50000,学习误差设置为不超过 0.1%。其中,***iw***{1}表示输入层到中间层权值矩阵,***lw***{2}表示中间层到输出层权值矩阵,***b***{1}表示中间层阈值矩阵,***b***{2}表示输出层阈值。

“改造前”驾驶人瞳孔面积变化率训练拟合曲线如图 6.2 所示。

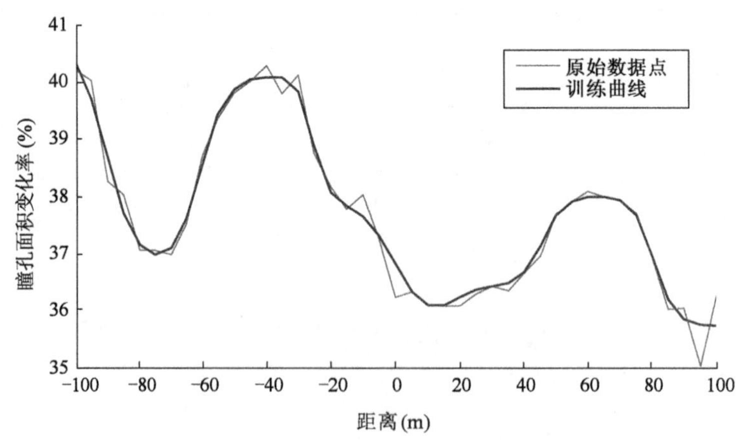

图 6.2 “改造前”驾驶人瞳孔面积变化率训练拟合曲线

$$\boldsymbol{iw}\{1\} = [-13.6043, 14.0279, 14.1819, -13.3946, -14.0023, 14.2792, -13.1348, -13.4189, 13.7876, -14.2370]^{\mathrm{T}}$$

$lw\{2\}=[0.3372,-0.6064,0.0009,-0.3794,-0.0026,-0.2899,0.5136,-0.6688,-0.0049,0.7817]$

$b\{1\}=[14.4021,-11.6268,-7.2298,5.9132,0.9240,1.0394,-3.2757,-8.2526,11.0157,-13.4385]^{T}$

$b\{2\}=[-0.2252]$

“改造后”驾驶人瞳孔面积变化率训练拟合曲线如图6.3所示。

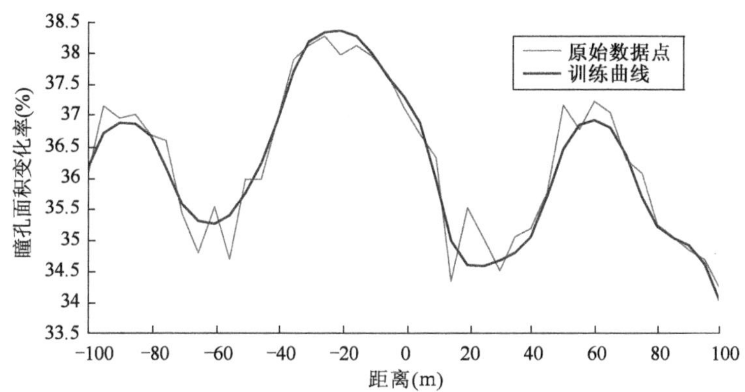

图6.3 “改造后”驾驶人瞳孔面积变化率训练拟合曲线

$iw\{1\}=[13.5257,14.4403,14.0585,13.3734,18.4882,-13.8902,-14.0440,-16.8078,13.3428,-13.8771]^{T}$

$lw\{2\}=[-1.9765,-0.5697,0.5696,0.3584,-0.6832,0.2636,-0.6078,-0.0538,-0.4459,-0.0425]$

$b\{1\}=[-14.9551,-10.4920,-6.7284,-3.2500,-2.4815,-0.8223,-6.1403,-1.6166,9.7930,-14.0826]^{T}$

$b\{2\}=[-1.9907]$

如图6.2和图6.3所示,“改造前”和“改造后”驾驶人瞳孔面积变化率训练曲线拟合度分别为0.9727和0.9113,表明神经网络训练良好。根据驾驶人瞳孔面积变化率拟合曲线,运用回归分析,得到驾驶人瞳孔面积变化率随距离变化的模型如下:

$$f(x)=p_1\cdot x^{n-1}+p_2\cdot x^{n-2}+\cdots+p_{n-1}\cdot x+p_n \tag{6.1}$$

“改造前”和“改造后”驾驶人瞳孔面积变化率预测图分别如图6.4、图6.5所示,相应的模型参数分别见表6.1、表6.2。

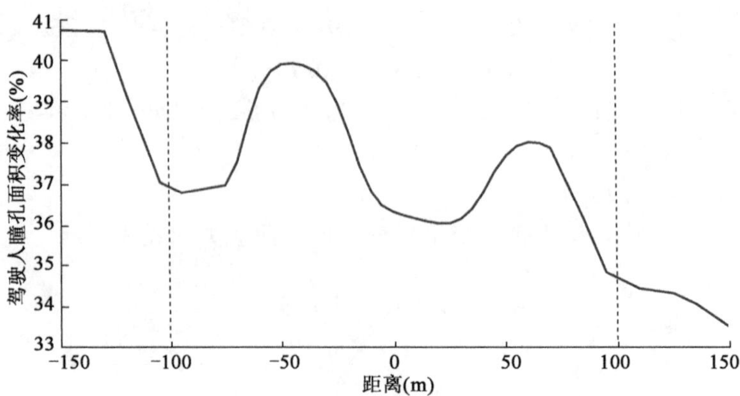

图 6.4 “改造前”驾驶人瞳孔面积变化率预测图

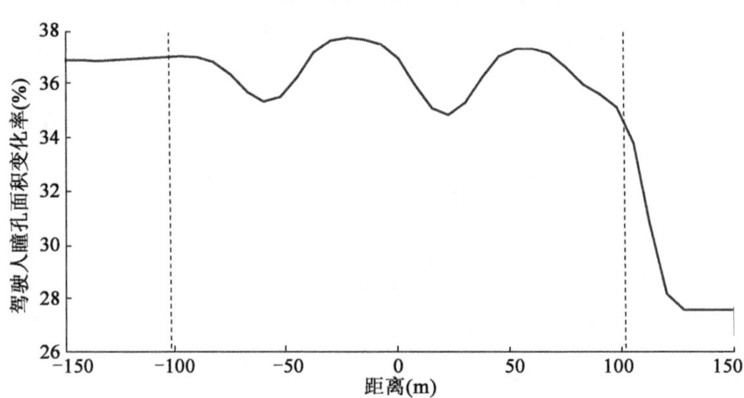

图 6.5 “改造后”驾驶人瞳孔面积变化率预测图

“改造前”驾驶人瞳孔面积变化率预测模型参数表 表 6.1

参　数	数　值	参　数	数　值	参　数	数　值
p_1	-5.941×10^{-16}	p_6	1.866×10^{-5}	拟合度系数	0.9123
p_2	4.471×10^{-14}	p_7	0.001449	调整系数	0.8903
p_3	2.647×10^{-11}	p_8	-0.05901	剩余标准差	0.638
p_4	-1.767×10^{-9}	p_9	36.63		
p_5	-3.587×10^{-7}				

“改造后”驾驶人瞳孔面积变化率预测模型参数表 表 6.2

参　数	数　值	参　数	数　值	参　数	数　值
p_1	-4.262×10^{-18}	p_6	3.087×10^{-8}	拟合度系数	0.9590
p_2	1.646×10^{-16}	p_7	2.898×10^{-5}	调整系数	0.9471
p_3	2.422×10^{-13}	p_8	-5.762×10^{-15}	剩余标准差	0.7242
p_4	-5.315×10^{-12}	p_9	-0.04961		
p_5	-4.545×10^{-9}	p_{10}	36.57		

由表6.1、表6.2可知，“改造前”和“改造后”瞳孔面积变化率预测模型函数拟合度检验值分别为0.9123和0.9590，函数拟合良好，模型有效。

由图6.4、图6.5可知，“改造前”和“改造后”驾驶人在穿越村镇路段时其瞳孔面积均发生剧烈变化，呈现出“波浪形”变化的特点，总体趋势表现为“前高后低”。“改造前”驾驶人瞳孔面积变化率最低点出现在进入村镇后的0～30m处，并且进村镇方向波动大于出村镇方向；“改造后”驾驶人瞳孔面积变化率波动幅度明显减小，在出村镇方向出现下降趋势明显。这主要是由于驾驶人刚进入村镇时对突然改变的道路环境不适应，随着对行车环境逐渐熟悉，驾驶人对前方道路状况有了预判，表现为在出村镇方向驾驶负荷减轻。

另外，从驾驶人瞳孔面积变化率预测模型图中可以看出，“改造前”在进村镇方向前50m路段，驾驶人的瞳孔面积变化率先保持在高位，然后急剧下降，而在出村镇方向后50m路段，瞳孔面积变化率持续下降。综合分析认为，驾驶人进村镇时，由于道路行车条件突变，驾驶人瞳孔面积变化率较高；随着对道路条件逐渐熟悉，驾驶人瞳孔面积变化率大幅下降；在出村镇方向，由于前方道路条件逐渐好转，驾驶人紧张度持续减轻，因此瞳孔面积变化率持续下降。而“改造后”在进村镇方向的前50m路段，驾驶人的瞳孔面积变化率没有明显波动，在出村镇方向的后50m路段，瞳孔面积变化率持续下降。综合分析认为，“改造后”随着道路标志标线的完善和道路两边环境的整治，道路行车条件逐渐改善，驾驶人紧张度明显减轻，治理效果初步显现。同时，表明预测模型结果与实际情况接近，预测模型有效。

6.1.2 注视特性

“改造前”和“改造后”驾驶人注视图及注视热点图分别如图6.6、图6.7所示。

a)“改造前“驾驶人注视图

图 6.6

b)"改造前"驾驶人注视热点图

图6.6 "改造前"驾驶人注视图及注视热点图

a)"改造后"驾驶人注视图

b)"改造后"驾驶人注视热点图

图6.7 "改造后"驾驶人注视图及注视热点图

(1)注视时间。

在分析驾驶人注视时间的神经网络模型中,传递函数采用 tansig 正切函数,输出函数采用 logsig 函数,中间层神经元个数取 10 个,训练步数为 50000,学习误差设置为不超过 0.1%。

"改造前"驾驶人注视时间训练拟合曲线图如图 6.8 所示。

$$\boldsymbol{iw}\{1\}=[14.3311, 15.7557, 12.8387, -14.7261, -21.2495, 5.4171, 14.0520, -23.1746, -16.5857, -13.5750]^{\mathrm{T}}$$

$$\boldsymbol{lw}\{2\}=[0.0222, 0.3649, -0.5853, 0.3639, 0.8949, 1.4352, -0.0452, -0.1276, -0.2624, 0.8128]$$

$$\boldsymbol{b}\{1\}=[-14.3174, -11.1180, -8.2198, 3.0998, -7.4067, 1.4795, -11.7748, -13.8075, -10.9018, -14.9387]^{\mathrm{T}}$$

$$\boldsymbol{b}\{2\}=[0.1154]$$

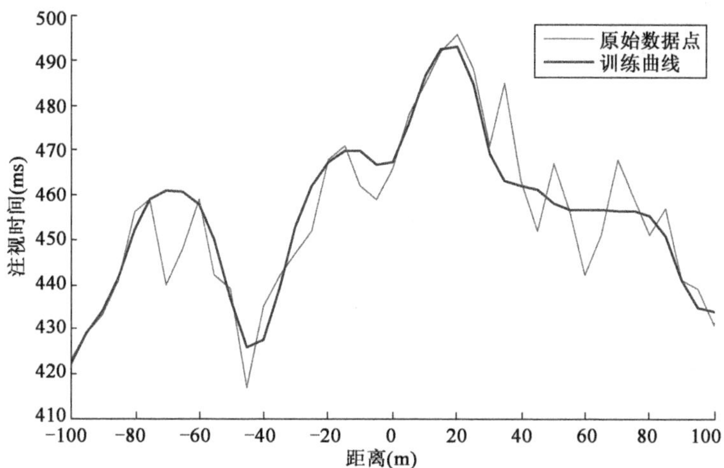

图 6.8　“改造前”驾驶人注视时间训练拟合曲线图

“改造后”驾驶人注视时间训练拟合曲线图如图 6.9 所示。

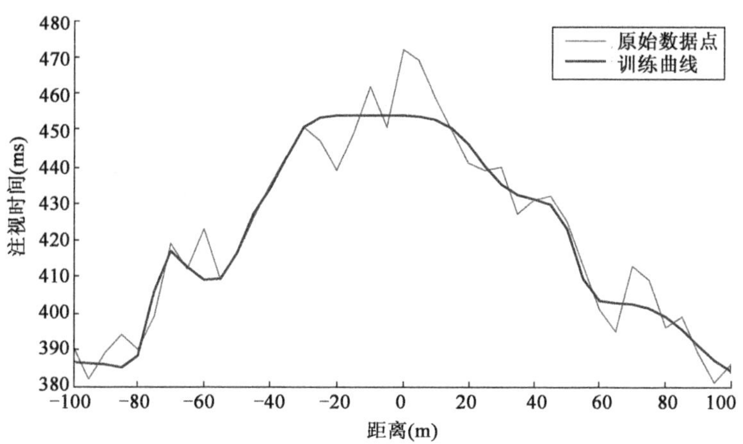

图 6.9　“改造后”驾驶人注视时间训练拟合曲线图

$\boldsymbol{iw}\{1\} = [12.7471, -16.4651, -17.7990, -10.5472, 7.9040, -17.1295, 17.9480, -12.4104, -18.7083, 17.6592]^{T}$

$\boldsymbol{lw}\{2\} = [-0.1092, -0.7472, 1.0445, 0.2590, -0.2523, -0.1783, 0.2392, 0.8062, -1.0240, 0.2855]$

$\boldsymbol{b}\{1\} = [-15.9838, 8.8542, 9.4784, 2.4522, -7.0426, 19.8858, 6.2638, -9.1043, -14.0731, 8.5576]^{T}$

$\boldsymbol{b}\{2\} = [-0.8742]$

如图6.8、图6.9所示,“改造前”和“改造后”注视时间训练曲线拟合度分别为0.9247和0.9343,表明神经网络训练良好。根据注视时间拟合曲线,运用回归分析,得到注视时间随距离变化的模型。

“改造前”和“改造后”驾驶人注视时间预测图分别如图6.10、图6.11所示,相应的模型参数分别见表6.3、表6.4。

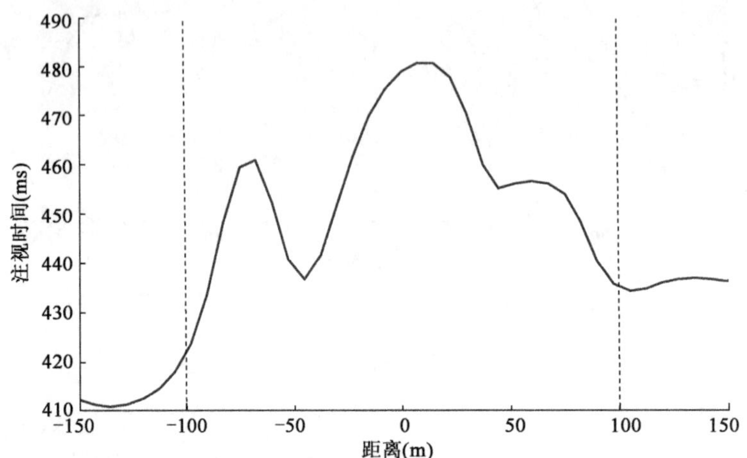

图6.10 “改造前”驾驶人注视时间预测图

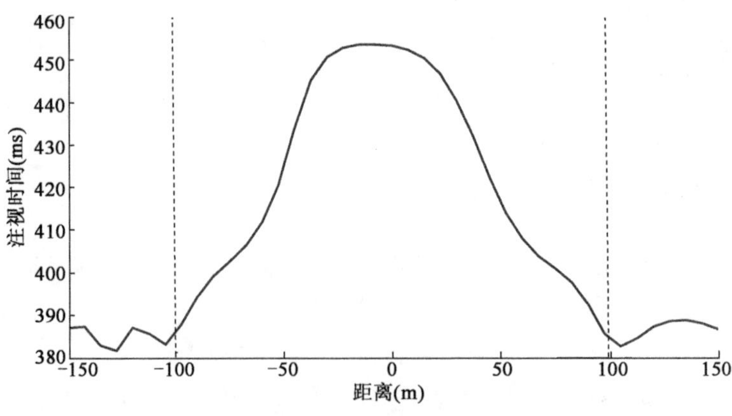

图6.11 “改造后”驾驶人注视时间预测图

如图6.10、图6.11所示,“改造前”和“改造后”驾驶人注视时间预测函数拟合度分别为0.9215和0.9760,函数拟合良好,模型有效。

“改造前”驾驶人注视时间预测模型参数表　　表6.3

参　数	数　值	参　数	数　值	参　数	数　值
p_1	3.37×10^{-17}	p_6	4.134×10^{-7}	拟合度系数	0.9215
p_2	5.079×10^{-16}	p_7	−0.000261	调整系数	0.9106
p_3	-1.874×10^{-12}	p_8	−0.006264	剩余标准差	6.544
p_4	-2.138×10^{-11}	p_9	0.6389		
p_5	3.561×10^{-8}	p_{10}	471.4		

“改造后”驾驶人注视时间预测模型参数表　　表6.4

参　数	数　值	参　数	数　值	参　数	数　值
p_1	-2.367×10^{-4}	p_5	−0.01527	拟合度系数	0.9760
p_2	-3.544×10^{-10}	p_6	−0.06838	调整系数	0.9718
p_3	1.073×10^{-6}	p_7	454.5	剩余标准差	4.388
p_4	1.076×10^{-5}				

由此可知,驾驶人在“改造前”和“改造后”穿越村镇路段时注视时间发生明显变化,总体呈现“先高后低”的趋势。“改造前”注视时间出现多个峰值,最高点出现在0m前后,出村镇方向注视时间逐渐减小;“改造后”驾驶人注视时间最高点仍出现在0m前后,出村镇和进村镇方向的注视时间均明显下降。另外,从注视热点图中也可以看出,驾驶人在出村镇方向副中央窝预视效应更加明显,而且驾驶人的“追随眼动”特性明显,即驾驶人的眼睛追随道路上的目标做着有规律的运动。相关研究表明,驾驶人有规律的追随眼动有利于行车安全。

从预测模型图来看,“改造前”在进村镇方向前50m路段,驾驶人的注视时间逐步上升,在出村镇方向后50m路段,注视时间变化平稳。综合分析认为,驾驶人在进村镇方向,通过增加注视时间来适应道路条件的变化,随着对行车条件的熟悉,在出村镇方向注视时间逐渐平稳;而“改造后”在进村镇方向前50m路段,驾驶人注视时间出现小幅波动,在出村镇方向后50m路段,注视时间变化平稳。综合分析认为,“改造后”驾驶人通过道路旁边的指示标志信息,对即将进入村镇路段有预判,提前对道路信息进行加工,表现为注视时间出现波动。同理,随着道路行车条件逐渐改善,驾驶人紧张度减轻,注视时间减少。预测模型结果与实际情况相符,模型有效。

(2)注视次数。

在分析驾驶人注视次数的神经网络模型中,传递函数采用tansig正切函数,输出函数采用logsig函数,中间层神经元个数取10个,训练步数为50000,学习误差设置为不超过0.1%。

“改造前”驾驶人注视次数训练拟合曲线图如图 6.12 所示。

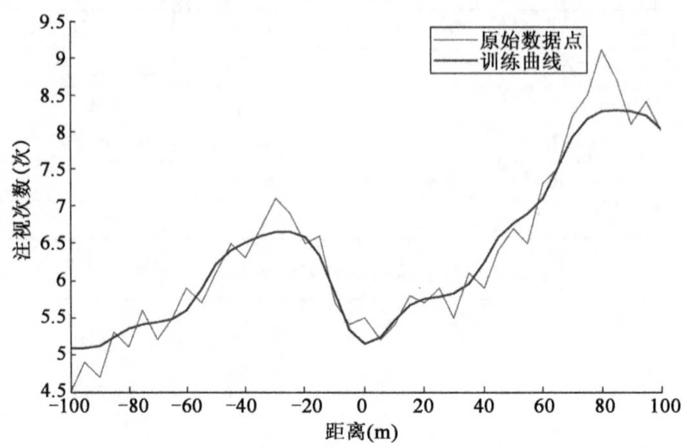

图 6.12 “改造前”驾驶人注视次数训练拟合曲线图

$\boldsymbol{iw}\{1\}=[13.5477, 14.7184, -13.5747, 13.7094, 14.1619, -13.8510, -14.1082, 13.8895, 14.7248, 14.1307]^{\mathrm{T}}$

$\boldsymbol{lw}\{2\}=[0.8303, 0.3969, -0.0434, 0.1964, 0.0657, 0.3645, -0.1525, 0.1781, 0.0722, 0.2584]$

$\boldsymbol{b}\{1\}=[-14.2492, -9.8838, 8.3782, -5.6965, -0.7873, -2.3942, -4.7050, 7.3001, 9.8129, 13.9305]^{\mathrm{T}}$

$\boldsymbol{b}\{2\}=[-1.0246]$

“改造后”驾驶人注视次数训练拟合曲线图如图 6.13 所示。

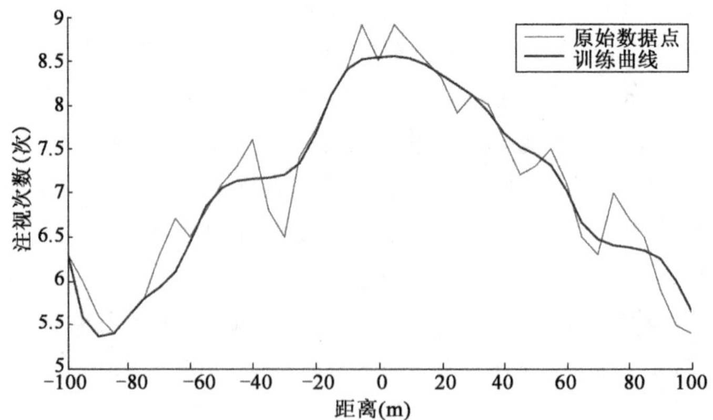

图 6.13 “改造后”驾驶人注视次数训练拟合曲线图

$\boldsymbol{iw}\{1\}=[-14.2187, -11.9453, 14.2720, -13.2073, -13.8506, -13.0517, -15.0597, 13.8431, -13.8656, 13.7654]^{\mathrm{T}}$

$lw\{2\}=[0.3314,-0.2018,-0.3069,0.2118,0.1002,-0.3452,$
$-0.0531,0.3560,-0.1932,-1.1058]$

$b\{1\}=[13.7962,13.0165,-8.7564,4.8503,2.5686,-2.2988,-2.8820,$
$8.1610,-11.1422,14.2461]^{T}$

$b\{2\}=[0.2087]$

如图6.12和图6.13所示,"改造前"和"改造后"注视次数训练曲线拟合度分别为0.9620和0.9240,表明神经网络训练良好。根据注视次数拟合曲线,运用回归分析,得到注视次数随距离变化的模型。

"改造前"和"改造后"驾驶人注视次数预测图分别如图6.14、图6.15所示,相应的模型参数分别见表6.5、表6.6。

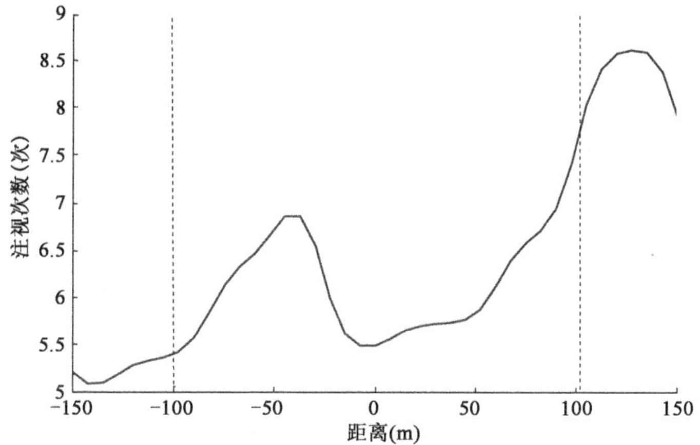

图6.14　"改造前"驾驶人注视次数预测图

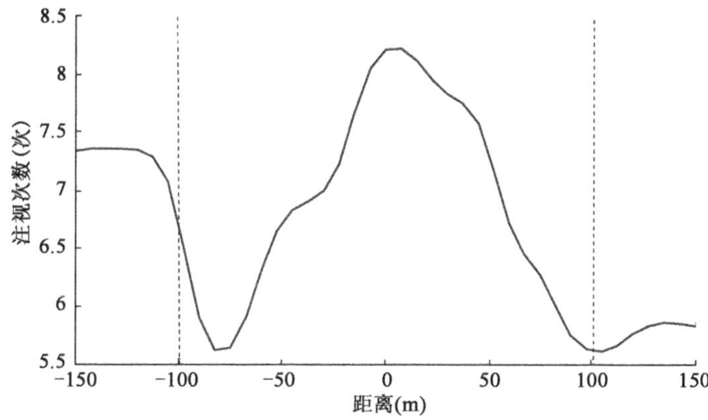

图6.15　"改造后"驾驶人注视次数预测图

“改造前”驾驶人注视次数预测模型参数表　　表 6.5

参　数	数　值	参　数	数　值	参　数	数　值
p_1	-2.03×10^{-3}	p_5	8.895×10^{-5}	拟合度系数	0.9586
p_2	-1.112×10^{-10}	p_6	-0.01473	调整系数	0.9513
p_3	1.622×10^{-9}	p_7	5.834	剩余标准差	0.2463
p_4	3.607×10^{-6}				

“改造后”驾驶人注视次数预测模型参数表　　表 6.6

参　数	数　值	参　数	数　值	参　数	数　值
p_1	-7.493×10^{-19}	p_6	7.129×10^{-8}	拟合度系数	0.9307
p_2	1.749×10^{-17}	p_7	2.737×10^{-6}	调整系数	0.9106
p_3	4.12×10^{-14}	p_8	-7.04×10^{-4}	剩余标准差	0.2711
p_4	-2.322×10^{-12}	p_9	4.228×10^{-3}		
p_5	-6.861×10^{-10}	p_{10}	8.136		

如图 6.14 和图 6.15 所示,“改造前”和“改造后”驾驶人注视次数预测函数拟合度分别为 0.9586 和 0.9307,函数拟合良好,模型有效。

由此可知,驾驶人在“改造前”和“改造后”穿越村镇路段时注视次数发生较大变化。“改造前”注视次数最小值出现在出村镇方向(道路方向明确),而“改造后”驾驶人注视次数最大值出现在 0m(道路条件良好)前后。结合驾驶人注视图可以看出,此时驾驶人的注视特性均表现为较多短时注视的特性,这是一种良好注视模式。而在“改造后”后 50m 预测区域注视次数反而减少,主要是因为此时驾驶人扫视特性较为突出,行车负荷减轻。

从预测模型图来看,“改造前”在进村镇方向的前 50m 路段,驾驶人的注视次数逐步增加,在出村镇方向的后 50m 路段,注视次数先升高后下降。综合分析认为,进村镇方向,随着道路条件的复杂化,驾驶人需要通过增加注视次数来处理道路信息,在出村镇方向注视次数总体逐渐减小;而“改造后”在进村镇方向前 50m 路段,驾驶人先保持较高注视次数,然后注视次数大幅下降,在出村镇方向后 50m 路段,驾驶人注视次数较少。综合分析认为,“改造后”路旁设立的道路指示信息、道口桩等,使驾驶人对道路信息的加工提前,表现为出现较早的注视次数增多的现象,而后注视次数减小。这与前面注视时间分析的结论相符,证明预测模型有效。

6.1.3　扫视特性

“改造前”和“改造后”驾驶人扫视图分别如图 6.16、图 6.17 所示。

图 6.16　“改造前”驾驶人扫视图

图 6.17　“改造后”驾驶人扫视图

(1)扫视幅度。

在分析驾驶人扫视幅度的神经网络模型中，传递函数采用 tansig 正切函数，输出函数采用 logsig 函数，中间层神经元个数取 13 个，训练步数为 50000，学习误差设置为不超过 0.1%。

“改造前”驾驶人扫视幅度训练拟合曲线图如图 6.18 所示。

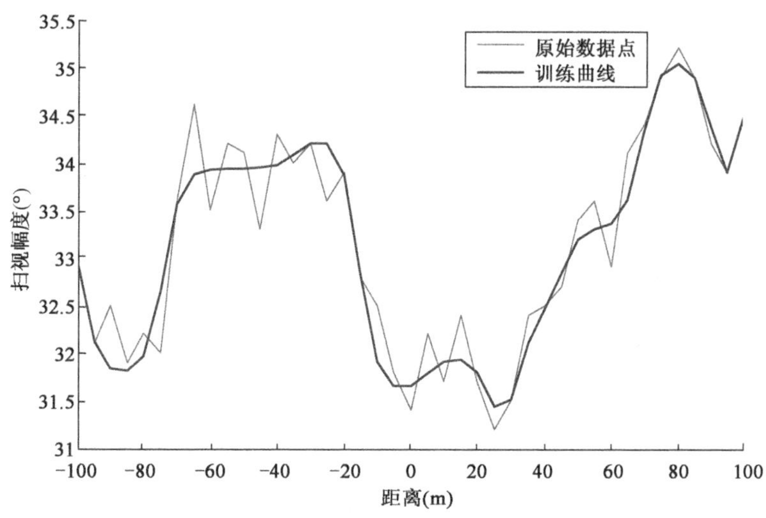

图 6.18　“改造前”驾驶人扫视幅度训练拟合曲线图

$iw\{1\}=[17.8631, -17.8260, 18.0234, 17.5039, -18.2426, -17.9288, -18.2247, -17.9157, -18.0054, 18.6086, -18.1158, 18.7599, 17.8932]^{T}$

$lw\{2\}=[-0.3172, 0.3155, 0.5241, -0.0976, -0.5846, 0.1730, 0.0690, 0.5518, -0.1119, -0.1055, -1.5699, -1.0911, -1.0252]$

$b\{1\}=[-18.5463, 15.7440, -11.9446, -10.0640, 6.2335, 4.2761, 0.3097, -2.8891, -6.6136, 9.4898, -13.6254, 14.6821, 18.7872]^{T}$

$b\{2\}=[0.6269]$

"改造后"驾驶人扫视幅度训练拟合曲线图如图6.19所示。

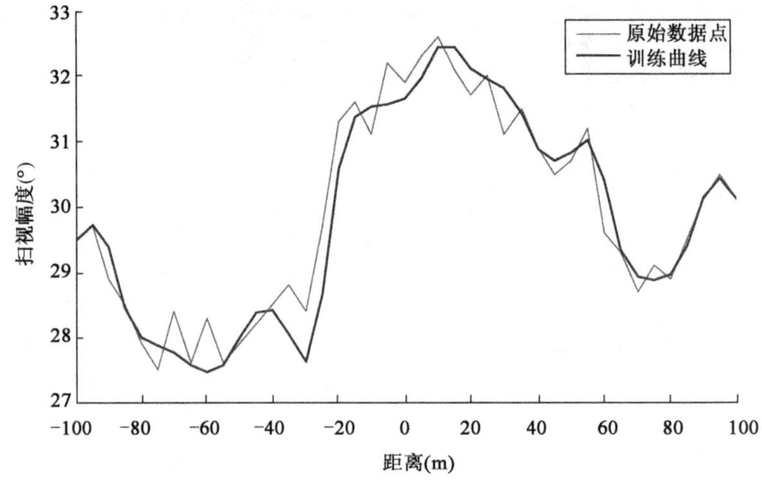

图6.19 "改造后"驾驶人扫视幅度训练拟合曲线图

$iw\{1\}=[-17.8424, -17.7645, -18.3617, 17.0695, 18.2704, 18.3090, -17.9181, 18.8813, 18.9563, 18.5136, -17.6344, -18.2432, 18.1552]^{T}$

$lw\{2\}=[0.7628, -0.3498, 0.0864, -0.3018, -0.1798, -0.1625, 0.2021, 0.4670, 0.4797, 0.1754, -0.0932, 0.2934, -0.2066]$

$b\{1\}=[18.6767, 15.5836, 11.9647, -10.1658, -6.2022, -2.3984, 0.2171, -0.1907, 4.5305, 8.1762, -12.8982, -15.2601, 18.2461]^{T}$

$b\{2\}=[-0.6173]$

如图6.18和图6.19所示,"改造前"和"改造后"扫视幅度训练曲线拟合度分别为0.9121和0.9462,表明神经网络训练良好。根据扫视幅度拟合曲线,运用回归分析,得到扫视幅度随距离变化的模型。

“改造前”和“改造后”驾驶人扫视幅度预测变化图分别如图6.20、图6.21所示，相应的模型参数分别见表6.7、表6.8。

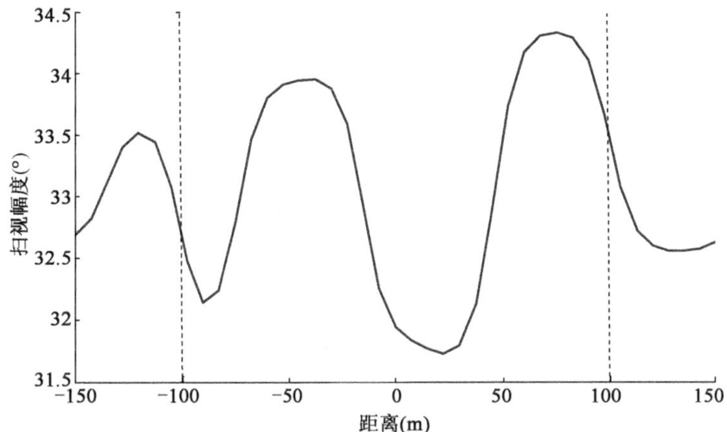

图6.20　“改造前”驾驶人扫视幅度预测变化图

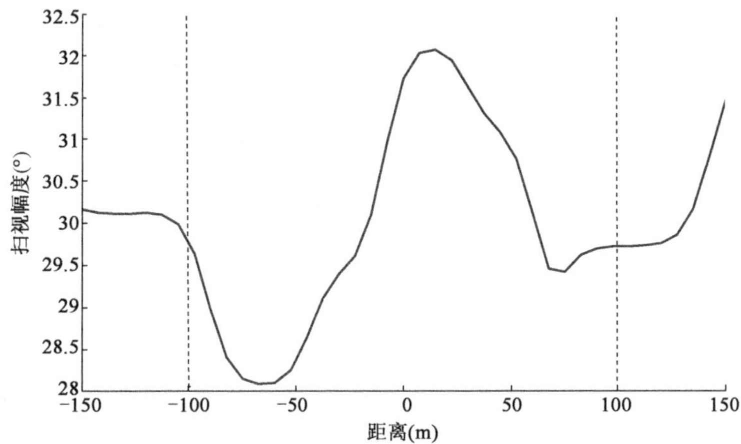

图6.21　“改造后”驾驶人扫视幅度预测变化图

“改造前”驾驶人扫视幅度预测模型参数表　　表6.7

参　数	数　值	参　数	数　值	参　数	数　值
p_1	-2.794×10^{-18}	p_6	-1.355×10^{-7}	拟合度系数	0.8936
p_2	-1.623×10^{-16}	p_7	2.386×10^{-5}	调整系数	0.8193
p_3	1.615×10^{-13}	p_8	0.0007914	剩余标准差	0.4401
p_4	8.116×10^{-12}	p_9	−0.04968		
p_5	-3.181×10^{-9}	p_{10}	32.25		

“改造后”驾驶人扫视幅度预测模型参数表　　表 6.8

参　数	数　值	参　数	数　值	参　数	数　值
p_1	-1.714×10^{-19}	p_6	2.066×10^{-7}	拟合度系数	0.9314
p_2	2.186×10^{-16}	p_7	-6.226×10^{-6}	调整系数	0.9114
p_3	1.224×10^{-15}	p_8	−0.001346	剩余标准差	0.3488
p_4	-1.164×10^{-11}	p_9	0.03708		
p_5	2.525×10^{-10}	p_{10}	31.77		

如图 6.20 和图 6.21 所示，“改造前”和“改造后”驾驶人扫视幅度预测函数拟合度分别为 0.8936 和 0.9314，函数拟合良好，模型有效。

由此可知，驾驶人在“改造前”和“改造后”穿越村镇路段时扫视幅度变化剧烈。“改造前”扫视幅度呈现“波浪形”变化趋势，在出村镇方向变化幅度较大；“改造后”扫视幅度呈现“先升后降”的趋势，最大值出现在 0m 附近。从总体趋势来看，出现了“改造后”扫视幅度小于“改造前”扫视幅度的反常情况。结合扫视图分析，这主要是由于“改造前”恰好有一辆小型货车从实验车旁边驶过导致的。因此可以看出，道路条件的复杂程度对驾驶人的驾驶眼动特性影响较大，随着行车条件的好转，驾驶人的扫视幅度有增大趋势。

从预测模型图来看，“改造前”和“改造后”驾驶人扫视幅度变化差异较大。在进村镇方向前 50m 路段，“改造前”驾驶人扫视幅度“先增后减”，变化剧烈，而“改造后”驾驶人扫视幅度稳中有降；在出村镇方向后 50m 路段，“改造前”驾驶人扫视幅度稳中有降，“改造后”驾驶人扫视幅度迅速增大。综合分析认为，“改造前”道路行车条件的突变是造成驾驶人在进村镇方向扫视幅度剧烈变化的原因，“改造后”良好的道路条件有利于驾驶人扩大行车视野，扫视幅度增大。预测模型结果与实际情况相符，模型有效。

(2)扫视速度。

在分析驾驶人扫视速度的神经网络模型中，传递函数采用 tansig 正切函数，输出函数采用 logsig 函数，中间层神经元个数取 13 个，训练步数为 50000，学习误差设置为不超过 0.1%。

“改造前”驾驶人扫视速度训练拟合曲线图如图 6.22 所示。

$$iw\{1\} = [18.2432, 17.4738, -17.8313, 18.1451, 18.3097, -18.1406, -18.1877, 18.2940, 17.5981, 17.8828, -17.5538, 18.8034, 18.2510]^T$$

$$lw\{2\} = [0.1131, -0.0136, -0.0609, 0.3543, -0.2835, -0.3678, -0.3348, -0.1962, -0.2870, 0.0164, 0.0195, -0.1067, -0.6753]$$

$b\{1\} = [-18.1532, -16.1224, 12.6791, -8.8380, -5.6967, 3.4095, -0.2595, 2.4098, 7.2188, 9.8095, -12.6822, 14.2887, 18.1041]^T$

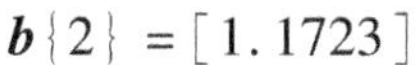
$b\{2\} = [1.1723]$

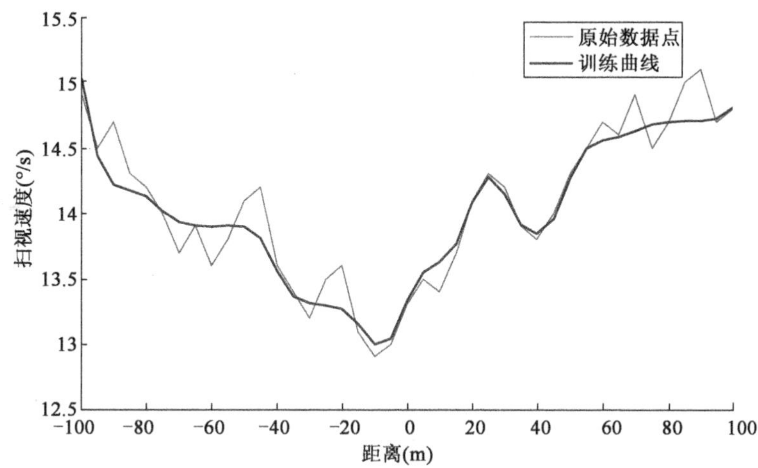

图 6.22　“改造前”驾驶人扫视速度训练拟合曲线图

“改造后”驾驶人扫视速度训练拟合曲线图如图 6.23 所示。

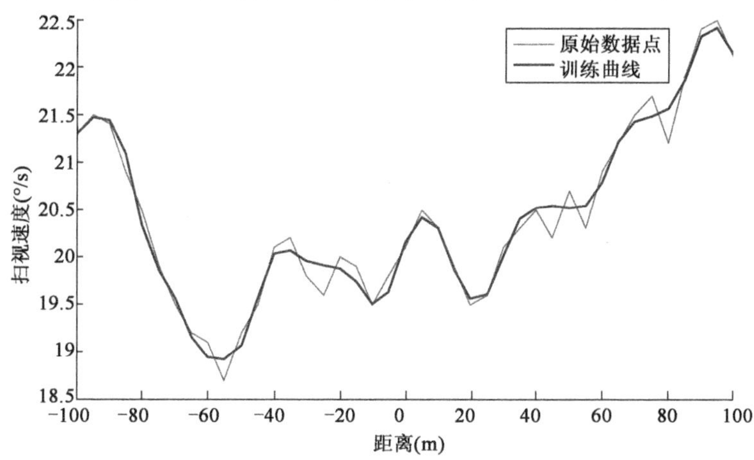

图 6.23　“改造后”驾驶人扫视速度训练拟合曲线图

$iw\{1\} = [-18.3073, -17.9143, 18.6585, -18.2903, -18.2749, 18.2870, 18.2823, 18.3646, 18.2909, 18.5603, 18.1151, -18.2737, 17.9779]^T$

$lw\{2\} = [0.2164, -0.3094, 0.2655, 0.0228, -0.2967, -0.2950, 0.3551, -0.1871, -0.0918, 0.3614, -0.2380, 0.4607, 0.2106]$

$\boldsymbol{b}\{1\}=[18.0865, 15.5645, -11.5790, 9.2223, 5.4411, -2.5296, 0.4545, 2.1886, 6.2815, 8.3700, 12.1746, -14.9916, 18.4332]^{\mathrm{T}}$

$\boldsymbol{b}\{2\}=[0.3570]$

如图 6.22 和图 6.23 所示，“改造前”和“改造后”扫视速度训练曲线拟合度分别为 0.9105 和 0.9766，表明神经网络训练良好。根据扫视速度拟合曲线，运用回归分析，得到扫视速度随距离变化的模型。

“改造前”和“改造后”驾驶人扫视速度预测图分别如图 6.24、图 6.25 所示，相应的模型参数分别见表 6.9、表 6.10。

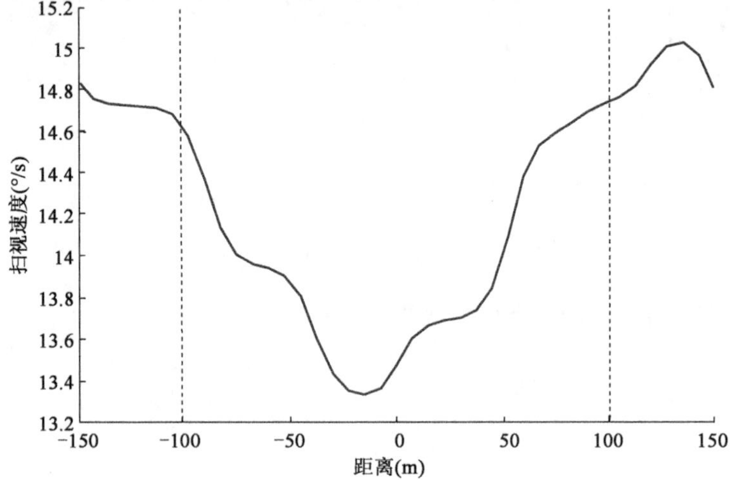

图 6.24　“改造前”驾驶人扫视速度预测图

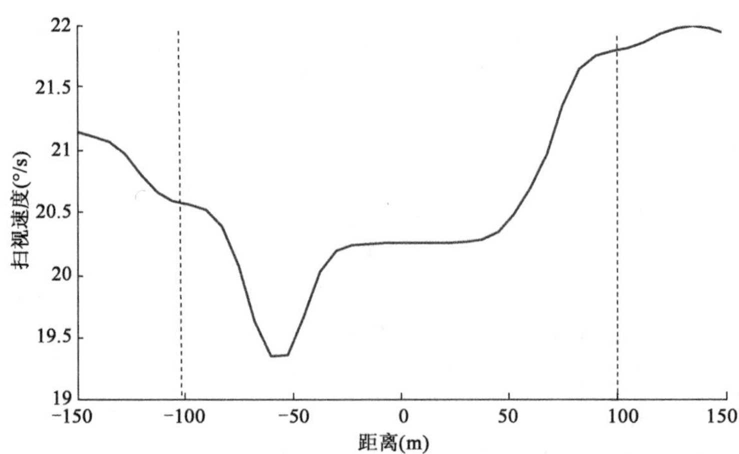

图 6.25　“改造后”驾驶人扫视速度预测图

"改造前"驾驶人扫视速度预测模型参数表　　表6.9

参数	数值	参数	数值	参数	数值
p_1	-7.613×10^{-20}	p_6	-1.362×10^{-8}	拟合度系数	0.9445
p_2	-8.41×10^{-18}	p_7	-1.569×10^{-6}	调整系数	0.9284
p_3	1.791×10^{-15}	p_8	0.0002139	剩余标准差	0.1639
p_4	5.117×10^{-13}	p_9	0.01019		
p_5	4.817×10^{-11}	p_{10}	13.52		

"改造后"驾驶人扫视速度预测模型参数表　　表6.10

参数	数值	参数	数值	参数	数值
p_1	-8.836×10^{-19}	p_6	5.839×10^{-8}	拟合度系数	0.9102
p_2	1.071×10^{-16}	p_7	3.705×10^{-6}	调整系数	0.9046
p_3	4.466×10^{-14}	p_8	-6.294×10^{-5}	剩余标准差	0.4386
p_4	-4.748×10^{-12}	p_9	0.004419		
p_5	-7.236×10^{-10}	p_{10}	20.03		

如图6.24和图6.25所示,"改造前"和"改造后"驾驶人扫视速度预测函数拟合度分别为0.9445和0.9102,函数拟合良好,模型有效。

由此可知,驾驶人在"改造前"和"改造后"穿越村镇路段时扫视速度均呈现U形变化趋势,在出村镇方向扫视速度逐渐增大。结合扫视图可以得出,随着前方道路行车环境的好转,驾驶人的行车负荷逐渐减轻,表现为扫视速度提高。

从预测模型图来看,"改造前"和"改造后"驾驶人扫视速度变化趋势基本一致,在进村镇方向前50m路段,表现为逐渐降低的趋势;在出村镇方向后50m路段,驾驶人扫视速度表现为逐渐增加的趋势。但总体上看,"改造后"驾驶人的扫视速度大于"改造前"的扫视速度。综合分析认为,道路条件的好坏是影响驾驶人扫视速度大小的重要因素。驾驶人扫视速度预测模型结果与实际情况相符,模型有效。

6.2 心率变化率

驾驶人心率变化率统计量描述性分析表见表6.11,方差 F 检验分析表见表6.12。

驾驶人心率变化率统计量描述性分析表　　表 6.11

项　目	均　值	标准差	标准误	极小值	极大值
改造前	33.64	1.57	0.25	30	36
改造后	22.02	0.83	0.13	21	24

方差 ***F*** 检验分析表　　表 6.12

项　目	平方和	均方差	F 值	显著性
组间	2766.606	2766.606	1755.352	0.000
组内	126.088	1.576		

在分析驾驶人心率变化率的神经网络模型中，传递函数采用 tansig 正切函数，输出函数采用 logsig 函数，隐含层神经元个数取 10 个，训练步数为 50000，学习误差设置为不超过 0.1%。

"改造前"驾驶人心率变化率训练拟合曲线图如图 6.26 所示。

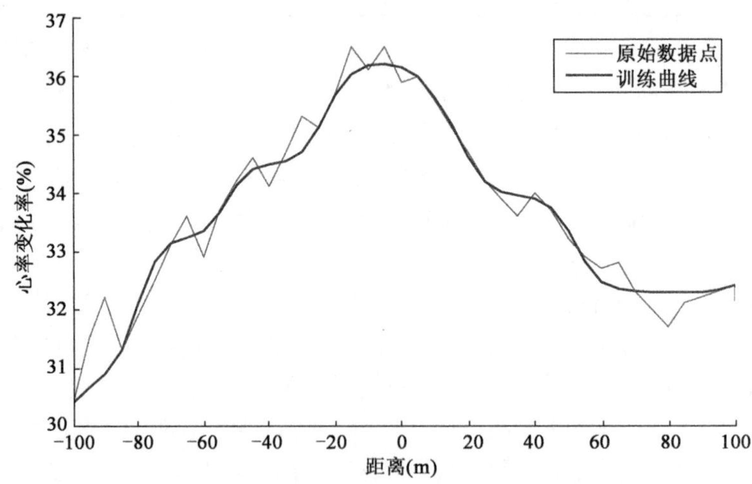

图 6.26　"改造前"驾驶人心率变化率训练拟合曲线图

$$iw\{1\} = [13.5484, 16.1229, -13.4144, 14.2911, 12.7028, -14.2001, -14.3152, 16.2549, 14.1332, 14.0477]^{\mathrm{T}}$$

$$lw\{2\} = [0.1305, 0.0048, 0.2763, -0.2100, -0.1671, -0.0473, -0.2411, 0.2041, 0.4031, 0.1155]$$

$b\{1\}=[-14.4405,-8.2080,6.9977,-2.8204,-1.2245,-2.4969,-3.4065,8.5934,11.3818,13.9508]^{T}$

$b\{2\}=[-0.6142]$

“改造后”驾驶人心率变化率训练拟合曲线图如图 6.27 所示。

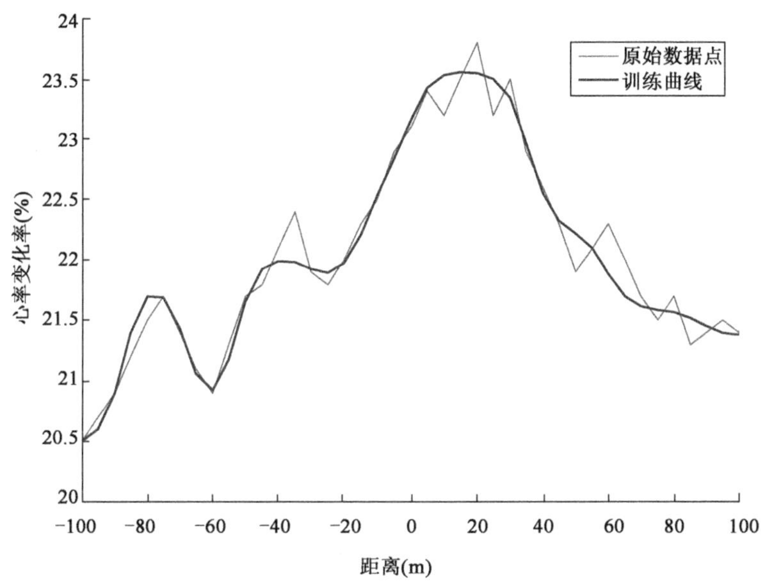

图 6.27 “改造后”驾驶人心率变化率训练拟合曲线图

$iw\{1\}=[-13.8143,-13.2673,-13.8119,13.5659,14.1114,12.5777,-14.3146,12.8649,15.4444,14.9326]^{T}$

$lw\{2\}=[0.0014,0.0645,0.1964,-0.4052,0.2469,0.2890,0.0683,-0.3877,0.4268,0.4332]$

$b\{1\}=[14.1910,11.6708,8.2092,-4.8555,0.0811,1.7049,-4.2833,8.7340,8.2175,13.0274]^{T}$

$b\{2\}=[-0.7462]$

如图 6.27、图 6.28 所示,“改造前”和“改造后”驾驶人心率变化率训练曲线拟合度分别为 0.9516 和 0.9604,表明神经网络训练良好。根据心率变化率拟合曲线,运用回归分析,得到心率变化率随距离变化的模型。

“改造前”和“改造后”驾驶人心率变化率预测图分别如图 6.28、图 6.29 所示,相应的模型参数分别见表 6.13、表 6.14。

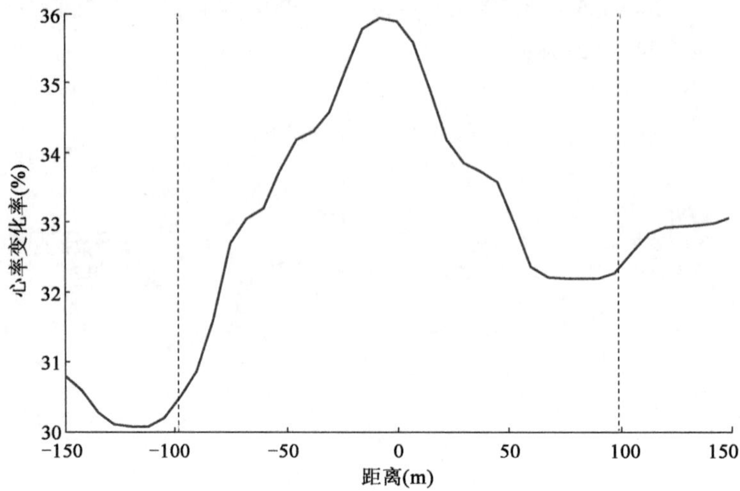

图 6.28 “改造前”驾驶人心率变化率预测图

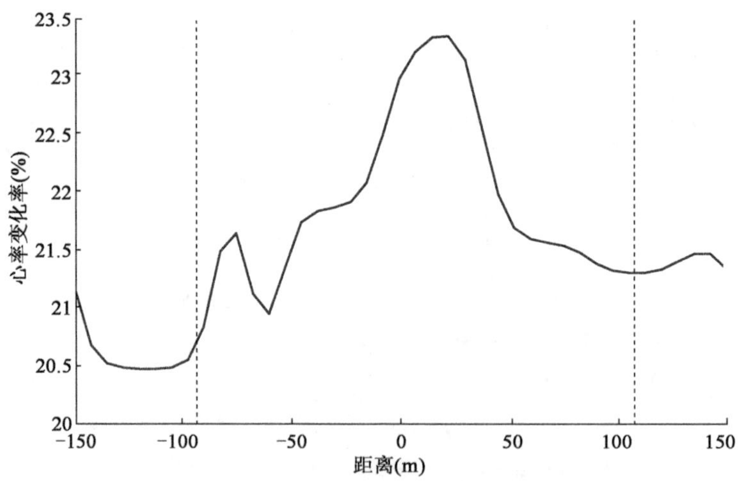

图 6.29 “改造后”驾驶人心率变化率预测图

“改造前”驾驶人心率变化率预测模型参数表 表 6.13

参　数	数　值	参　数	数　值	参　数	数　值
p_1	-1.179×10^{-12}	p_5	-0.0008564	拟合度系数	0.9767
p_2	-1.209×10^{-10}	p_6	-0.01722	调整系数	0.9726
p_3	5.758×10^{-8}	p_7	35.36	剩余标准差	0.2802
p_4	3.764×10^{-6}				

"改造后"驾驶人心率变化率预测模型参数表　　表6.14

参　数	数　值	参　数	数　值	参　数	数　值
p_1	1.359×10^{-18}	p_6	4.566×10^{-8}	拟合度系数	0.9385
p_2	3.119×10^{-17}	p_7	-1.038×10^{-5}	调整系数	0.9206
p_3	-7.463×10^{-14}	p_8	−0.0004757	剩余标准差	0.2308
p_4	-1.95×10^{-12}	p_9	0.02692		
p_5	1.406×10^{-9}	p_{10}	22.83		

如图6.24、图6.25所示,"改造前"和"改造后"驾驶人心率变化率预测函数拟合度分别为0.9767和0.9385,函数拟合良好,模型有效。

由此可知,"改造前"驾驶人的平均心率变化率均较高,"改造后"平均心率变化率明显降低,同时表现出显著性差异($p<0.01$)。从拟合曲线来看,"改造前"和"改造后"驾驶人心率变化率的变化趋势大致相同。虽然"改造后"采取了增加道路指示标志和限速标志等措施,但是由于村民房屋临街建设,部分房屋甚至侵占道路红线,导致行车道经常被行人和非机动车侵占,交通条件复杂,驾驶人行车经过此路段时心率变化率仍然较高,驾驶负荷较重。

从预测模型图来看,"改造前"和"改造后"驾驶人心率变化率变化趋势大致相同,在进村镇方向前50m路段,心率变化率表现为逐渐降低的趋势;在出村镇方向后50m路段,心率变化率表现为逐渐增加的趋势;这似乎有悖于常理。综合分析认为,驾驶人的心率变化表现出"滞后效应",即驾驶人心率变化不是突然升高或降低,而是需要经历一个过程。但总体上"改造后"驾驶人的心率变化率明显大于"改造前"。分析结果与前面眼动指标的分析结论相吻合,因此驾驶人扫视速度预测模型有效。

6.3　驾驶操作行为特性

6.3.1　速度特性

驾驶人速度统计量描述性分析表见表6.15,方差F检验分析表见表6.16。

驾驶人速度统计量描述性分析表　　表6.15

项　目	均　值	标准差	标准误	极小值	极大值
改造前	37.46	3.14	0.49	33	44
改造后	42.64	1.37	0.21	40	46

方差 *F* 检验分析表　　表 6.16

项　目	平 方 和	均 方 差	*F* 值	显 著 性
组间	550.168	550.168	93.838	0.000
组内	469.037	5.863		

在分析驾驶人行车速度的神经网络模型中，传递函数采用 tansig 正切函数，输出函数采用 logsig 函数，隐含层神经元个数取 10 个，训练步数为 50000，学习误差设置为不超过 0.1%。

“改造前”驾驶人速度训练拟合曲线图如图 6.30 所示。

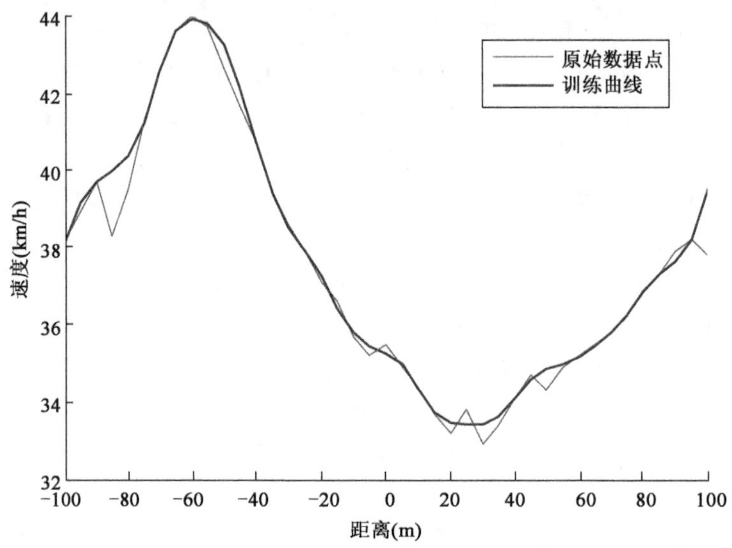

图 6.30　改造前驾驶人速度训练拟合曲线图

$iw\{1\} = [13.9239, 14.1100, 13.3786, 15.7328, 15.8364, -11.2557, -9.4481, -13.1786, 14.3634, -13.9851]^{T}$

$lw\{2\} = [0.4615, 0.1577, 0.0721, 0.1383, -0.1702, 0.2478, 0.5655, -0.6684, -0.2692, -0.2726]$

$b\{1\} = [-14.1152, -10.9818, -8.4547, -6.4090, -1.5938, -1.8813, -3.9222, -9.5816, 10.6244, -13.8699]^{T}$

$b\{2\} = [0.2287]$

“改造后”驾驶人速度训练拟合曲线图如图 6.31 所示。

$iw\{1\} = [-13.9831, 14.2087, 13.9389, 13.8710, 12.6498, 13.7257, -13.9459, 14.4232, -15.1659, 13.7721]^{T}$

$lw\{2\} = [0.0249, -0.3209, -0.2386, 0.3316, -0.3218, -0.4335,$

$-0.3726, 0.3579, 0.2024, -1.2174]$

$\boldsymbol{b}\{1\} = [13.9689, -10.9842, -8.3340, -6.5196, -1.6301, 0.9215, -3.2875, 6.8195, -9.7942, 15.0120]^{T}$

$\boldsymbol{b}\{2\} = [0.7212]$

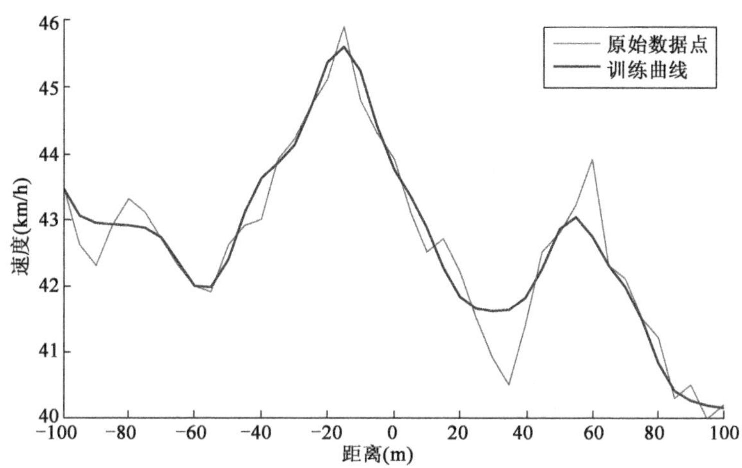

图 6.31 "改造后"驾驶人速度训练拟合曲线图

如图 6.30、图 6.31 所示,"改造前"和"改造后"行车速度训练曲线拟合度分别为 0.9786 和 0.9225,表明神经网络训练良好。根据速度拟合曲线,运用回归分析,得到速度随距离变化的模型。

"改造前"和"改造后"驾驶人速度预测图分别如图 6.32、图 6.33 所示,相应的模型参数分别见表 6.17、表 6.18。

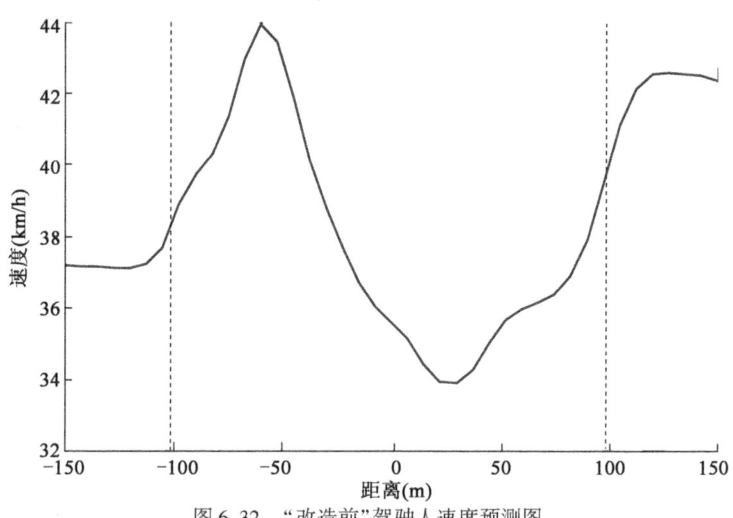

图 6.32 "改造前"驾驶人速度预测图

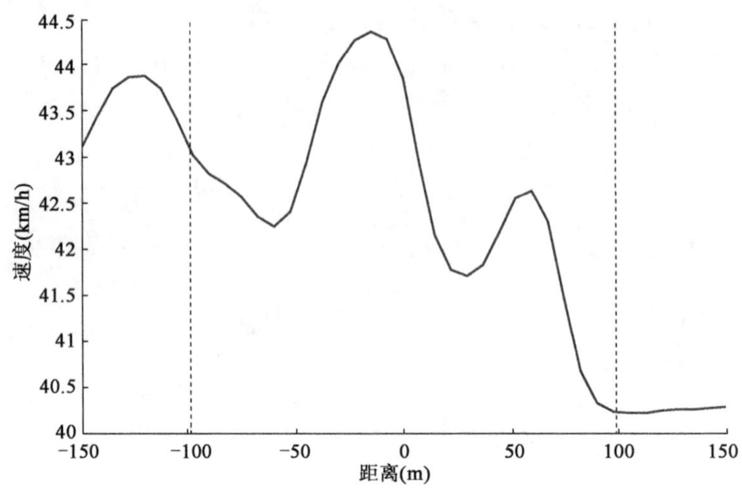

图6.33 “改造后”驾驶人速度预测图

“改造前”驾驶人速度预测模型参数表 表6.17

参数	数值	参数	数值	参数	数值
p_1	1.009×10^{-14}	p_5	1.959×10^{-5}	拟合度系数	0.9324
p_2	1.987×10^{-12}	p_6	0.001001	调整系数	0.9181
p_3	-8.363×10^{-10}	p_7	-0.1171	剩余标准差	0.8697
p_4	-8.053×10^{-8}	p_8	35.88		

“改造后”驾驶人速度预测模型参数表 表6.18

参数	数值	参数	数值	参数	数值
p_1	-3.417×10^{-18}	p_6	6.315×10^{-8}	拟合度系数	0.8745
p_2	3.871×10^{-17}	p_7	1.964×10^{-5}	调整系数	0.838
p_3	1.789×10^{-13}	p_8	-0.0005797	剩余标准差	0.5763
p_4	-2.707×10^{-12}	p_9	-0.045		
p_5	-3.099×10^{-9}	p_{10}	43.63		

如图6.32、图6.33所示,“改造前”和“改造后”驾驶人行车速度预测函数拟合度分别为0.9324和0.8745,函数拟合良好,模型有效。

由此可知,“改造前”和“改造后”驾驶人的行车速度变化较大,表现出显著性差异($p<0.01$)。从拟合曲线来看,“改造前”和“改造后”驾驶人行车速度的变化趋势有较大差异,尤其在“改造后”,驾驶人在出村镇方向行车速度有快速下降趋势。结合现场情况分析,这主要是由于道路前方有行人随意占用行车道攀谈,导致驾驶人行车速度下降明显。由此可见,道路条件的好坏对驾驶人驾驶行为影响较大。

从预测模型图来看,在进村镇方向前50m路段,“改造后”驾驶人同样表现出提前对道路信息进行预判和加工处理的特性,表现为行车速度“先升后降”,而“改造前”这种特性不明显。在出村镇方向后50m路段,“改造前”和“改造后”行车速度均有增大趋势。驾驶人行车速度预测模型结果与实际情况相符,模型有效。

6.3.2 转向盘转角特性

驾驶人转向盘转角变化率统计量描述性分析表见表6.19,方差 F 检验分析表见表6.20。

驾驶人转向盘转角变化率统计量描述性分析表 表6.19

项目	均值	标准差	标准误	极小值	极大值
改造前	3.01	0.27	0.04	2.4	3.6
改造后	2.88	0.18	0.03	2.5	3.2

方差 F 检验分析表 表6.20

项目	平方和	均方差	F 值	显著性
组间	0.258	0.258	4.884	0.030
组内	4.227	0.053		

在分析驾驶人转向盘转角变化率的神经网络模型中,传递函数采用tansig正切函数,输出函数采用logsig函数,中间层神经元个数取10个,训练步数为50000,学习误差设置为不超过0.1%。

“改造前”驾驶人转向盘转角变化率训练拟合曲线图如图6.34所示。

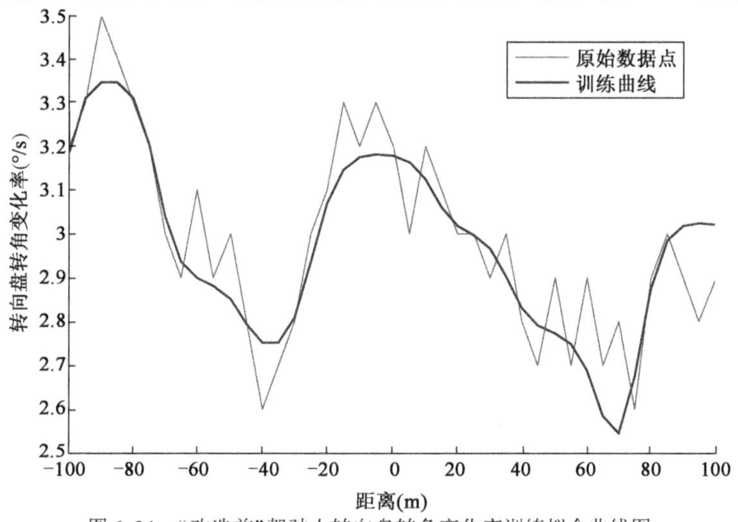

图6.34 “改造前”驾驶人转向盘转角变化率训练拟合曲线图

$iw\{1\} = [-14.0472, -14.1524, 13.5204, -13.8260, -13.8341, -13.8813, -14.2043, -14.6161, -14.3986, 13.7276]^{T}$

$lw\{2\} = [0.0226, -0.7340, -0.4469, 0.2511, 0.2068, -0.1833, -0.3356, 0.1918, 0.5246, 0.7705]$

$b\{1\} = [13.9457, 10.7596, -8.7005, 4.9756, 1.7304, -2.8945, -3.7246, -6.7512, -10.4716, 14.2707]^{T}$

$b\{2\} = [-0.4636]$

“改造后”驾驶人转向盘转角变化率训练拟合曲线图如图 6.35 所示。

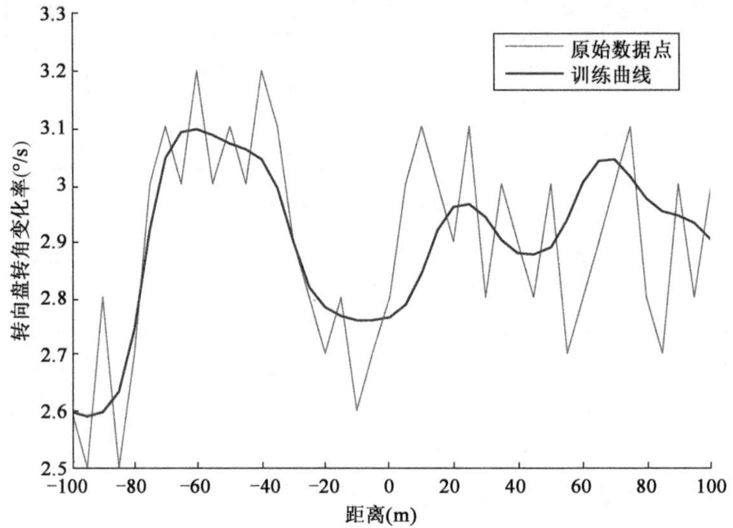

图 6.35 “改造后”驾驶人转向盘转角变化率训练拟合曲线图

$iw\{1\} = [13.7773, 14.1439, -13.9028, -14.0495, -13.9920, 13.9798, -14.1140, 14.0800, -14.0556, -13.9930]^{T}$

$lw\{2\} = [-0.2148, -0.1741, -0.2878, 0.1684, -0.3267, -0.0226, 0.4158, -0.0676, -0.7546, 0.0492]$

$b\{1\} = [-14.2286, -10.7490, 7.9590, 4.5172, 1.6176, 1.8696, -4.3550, 7.6294, -10.8436, -14.0070]^{T}$

$b\{2\} = [-0.4144]$

如图 6.34、图 6.35 所示，“改造前”和“改造后”驾驶人转向盘转角变化率训练曲线拟合度分别为 0.8713 和 0.8612，表明神经网络训练良好。根据转向盘转角变化率拟合曲线，运用回归分析，得到驾驶人转向盘转角变化率随距离变化的模型。

“改造前”和“改造后”驾驶人转向盘转角变化率预测图分别如图6.36、图6.37所示，相应的模型参数分别见表6.21、表6.22。

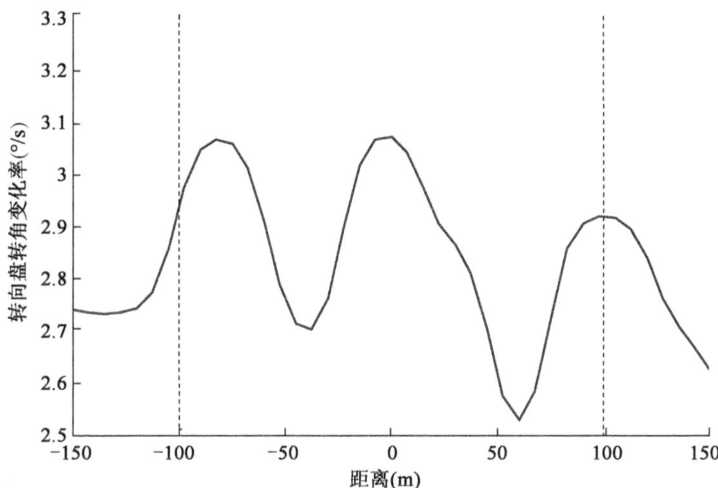

图6.36 “改造前”驾驶人转向盘转角变化率预测图

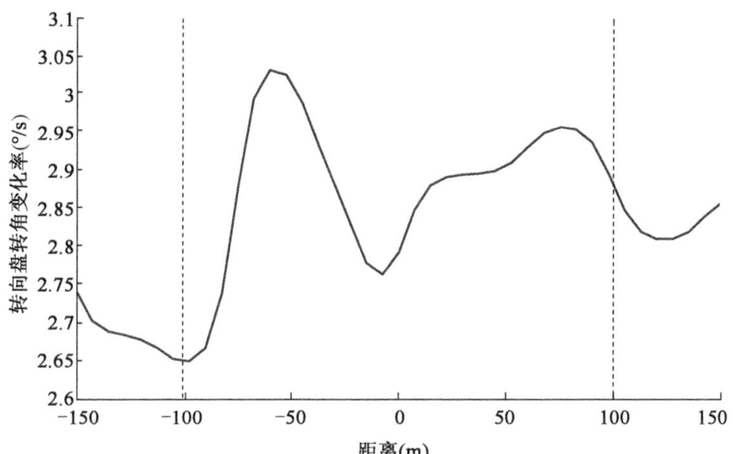

图6.37 “改造后”驾驶人转向盘转角变化率预测图

“改造前”驾驶人转向盘转角变化率预测模型参数表 表6.21

参数	数值	参数	数值	参数	数值
p_1	4.922×10^{-19}	p_6	3.883×10^{-8}	拟合度系数	0.8694
p_2	6.289×10^{-17}	p_7	-3.17×10^{-6}	调整系数	0.8224
p_3	-2.718×10^{-14}	p_8	−0.0001691	剩余标准差	0.1028
p_4	-2.837×10^{-12}	p_9	0.003998		
p_5	4.949×10^{-10}	p_{10}	2.983		

"改造后"驾驶人转向盘转角变化率预测模型参数表　　表 6.22

参　数	数　值	参　数	数　值	参　数	数　值
p_1	7.912×10^{-20}	p_6	-2.182×10^{-8}	拟合度系数	0.8779
p_2	-2.783×10^{-17}	p_7	2.082×10^{-7}	调整系数	0.8537
p_3	-2.899×10^{-15}	p_8	0.0001031	剩余标准差	0.0518
p_4	1.388×10^{-12}	p_9	-0.0009193		
p_5	1.901×10^{-11}	p_{10}	2.809		

如图 6.36、图 6.37 所示,"改造前"和"改造后"驾驶人转向盘转角变化率预测函数拟合度分别为 0.8694 和 0.8779,函数拟合良好,模型有效。

由此可知,"改造前"和"改造后"驾驶人转向盘转角变化率表现出一定差异性($p<0.05$)。从拟合曲线来看,"改造前"驾驶人转向盘转角变化率均值和标准差均高于"改造后"。"改造后"驾驶人转向盘转角变化率变化幅度逐渐变小,结合视觉特性和行车速度可知,这主要由于驾驶人在驶出村镇路段时有一定的心理预期,提前作出了预判,对操作行为及时作出了调整。

从预测模型图来看,在进村镇方向前 50m 路段和出村镇方向后 50m 路段,"改造前"和"改造后"驾驶人转向盘转角变化率的变化趋势明显不同。在进村镇方向前 50m 路段,"改造前"转向盘转角变化率逐渐增大,而"改造后"驾驶人转向盘转角变化率逐渐降低。在出村镇方向后 50m 路段,"改造前"驾驶人转向盘转角变化率逐渐减小,而"改造后"驾驶人转向盘转角变化率逐渐增大。综合分析认为,这主要是由于道路条件和行车速度的综合影响所致。由此可见,道路条件对驾驶人的驾驶操作行为有较大影响。分析结果与前面研究指标的分析结论吻合,驾驶人转向盘转角变化率预测模型有效。

6.4 本章小结

本章重点研究了驾驶人通过村镇路段的驾驶行为特性,并分村镇入口段、通过村镇段、村镇出口段三种情况进行详细分析。借助 Matlab 软件,运用 BP 神经网络模型对驾驶人的眼动指标、生理指标、车辆运行特征参数进行分析和预测,并对比分析了"公路安全生命防护工程"实施前后的效果。

第7章　结论与展望

7.1　主要结论

(1)本书研究了驾驶人驾驶适应性与交通安全的关系,通过研究发现,不同的人格特征、不同的安全态度对行车安全都有一定的影响,存在不利于驾驶工作的人格特征和安全态度的驾驶人表现出明显的事故倾向性。此外,本书还对道路交通事故的生成机理进行了有益探讨。

(2)本书在农村公路视距不良路段、通过村镇路段两种特殊条件下,采用定性和定量分析相结合的方法,对驾驶人的瞳孔直径、注视时间、注视次数、扫视速度、扫视幅度、心率变化率等生理特性进行了深入分析,分析了农村公路复杂道路条件下驾驶人的信息认知规律和生理心理特性,定性和定量分析了驾驶人的操作行为特性,对研究农村公路驾驶人的信息加工能力具有一定指导意义。

(3)本书对比分析了"公路安全生命防护工程"实施前后驾驶人的生理、心理和操作行为特性,并对"改造后"的实施效果进行了综合分析和评价,研究结果对指导后续的"公路安全生命防护工程"工作有重要借鉴意义。

7.2　展　　望

农村公路交通安全研究工作是一个庞大的系统工程,本书仅对农村公路特殊路段下驾驶行为进行了初步探讨,由于时间和精力有限,仍有很多工作需要继续研究,主要体现在以下几个方面:

(1)本书研究虽然采用在实际道路上进行实车实验的方法进行,但受实验条件所限,未对特殊天气条件(雾天、雪天、雾霾等)和夜间的驾驶行为特性进行研究,在以后的研究中应进行补充。

(2)在对驾驶人的生理和心理特性分析中,本书重点分析了驾驶人的眼动和心率特性。为了能更深入地分析和探讨驾驶人的驾驶行为和事故生成机理,在以后的研究中应逐步引入脑电分析。

(3)随着无人驾驶技术的出现和发展,通过分析驾驶人的驾驶行为,可以预测驾驶人的行为目的。尤其通过分析驾驶人的眼动特性,研究驾驶人在特殊环境下的眼动模式特征,改善驾驶人与汽车之间的交互作用,可以为智能汽车系统的研发提供新的研究方向。

参考文献

[1] 刘志强.农村交通事故占全国近半[N].人民日报,2014-12-25(2).

[2] Enke K. Possibilities for improving safety within the driver vehicle environment Loop[C]. Technical Conference on Experimental Safety Vehicle, Paris, 1979.

[3] CRTAS. China road traffic accidents statistics[M]. Beijing: Traffic Administration Bureau of the Ministry of Public Security of PRC, 2013.

[4] 段冀阳,李志忠.风险驾驶行为影响因素的研究综述[J].人类工效学,2013(02):86-91.

[5] WHO. Global status report on road safety 2013: Supporting a decade of action [R]. 2013.

[6] Hu G, Baker T, Baker S P. Comparing road traffic mortality rates from police-reported data and death registration data in China[J]. Bulletin of the World Health Organization, 2011,89(1): 41-45.

[7] Wang P, Rau P-L P, Salvendy G. Road safety research in China : Review appraisal[J]. Traffic Injury Prevention, 2010, 11(4): 425-432.

[8] 李方媛.重特大道路交通事故致因机理及其风险行为研究[D].西安:长安大学,2014.

[9] Arthur W, Barret G V, Alexander R A. Prediction of vehicular accident involvement: A meta-analysis[J]. Human Performance, 1991,4(2): 89-105.

[10] Crundall D, Underwood G, Chapman P. Driving experience and the functional field of view[J]. Perception, 1999, 28(9): 1075-1087.

[11] Papageorgiou E, Hardiess G, Mallot H A, et al. Gaze patterns predicting successfulcollision avoidance in patients with homonymous visual field defects [J]. Vision Research, 2012(65): 25-37.

[12] Crundall D, Crundall E, Clarke D, et al. Why do car drivers fail to give way to motorcycles at t-junctions? [J]. Accident Analysis & Prevention, 2012, 44(1): 88-96.

[13] Shahar A, Pointer D, Clarke D, et al. Motorcyclists' and car drivers' responses tohazards[J]. Transportation Research Part F: Traffic Psychology and Behaviour, 2010,13(4): 243-254.

[14] Paul E S, Cuthill I, Kuroso G, et al. Mood and the speed of decisions about

anticipated resources and hazards[J]. Evolution and Human Behavior, 2011, 32(1):21-28.

[15] Chowdhury D, Santen L, Schadschneider A. Statistical physics of vehicular traffic and some related systems[J]. Physics Reports, 2000, 329(4): 199-329.

[16] Bifulco G N, Pariota L, Brackstione M, et al. Driving behavior models enabling the simulation of Advanced Driving Assistance Systems: revisiting the Action Point paradigm [J]. Transportation Research Part C: Emerging Technologies, 2013(36): 352-366.

[17] Tang T Q, Li C Y, Huang H J. A new car-following model with the consideration of the driver's forecast effect[J]. Physics Letters A, 2010, 374(38): 3951-3956.

[18] Bando M, Hasebe K, Nakayama A, et al. Dynamical model of traffic congestion and numerical simulation[J]. Physical Review E, 1995, 51(2): 1035.

[19] Helbing D, Tilch B. Generalized force model of traffic dynamics[J]. Physical Review E, 1998, 58(1): 133.

[20] Jiang R, Wu Q, Zhu Z. Full velocity difference model for a car-following theory[J]. Physical Review E, 2001, 64(1): 017101.

[21] Zhao X, Gao Z. A new car-following model: full velocity and acceleration difference model[J]. The European Physical Journal B-Condensed Matterand Complex Systems, 2005, 47(1): 145-150.

[22] Laval J A, Leclercq L. A mechanism to describe the formation and propagation of stop-and-gowaves in congested freeway traffic[J]. Philosophical Transactions of the Royal Society of London A: Mathematical, Physical and Engineering Sciences, 2010, 368(1928): 4519-4541.

[23] Koshi M, Kuwahara M, Akahane H. Capacity of sags and tunnels on Japanese motorways[J]. ite Journal, 1992, 62(5): 17-22.

[24] Yang Q, Koutsopoulos H N. A microscopic traffic simulator for evaluation of dynamic traffic management systems[J]. Transportation Research Part C: Emerging Technologies, 1996, 4(3): 113-129.

[25] 韩珍. 驾驶人-车辆 Agent 微观换道行为的建模[D]. 合肥：中国科学技术大学, 2011.

[26] Daganzo C F. Estimation of gap acceptance parameters within and across the

population from direct roadside observation[J]. Transportation Research Part B: Methodological, 1981, 15(1): 1-15.

[27] Jonah B A. Accident risk and risk-taking behaviour among young drivers[J]. Accident Analysis & Prevention, 1986, 18(4): 255-271.

[28] Al-Ghamdi A. S. Using logistic regression to estimate the influence of accident factors on accident severity. Accident Analysis and Prevention, 2002, 34(6): 729-741.

[29] LotteLarsen. Methods of multidisciplinary in-depth analyses of road traffic accidents. Journal of Hazardous Materials. 2004, 111(1-3): 115-122.

[30] Borowsky A, Shinar D, Oron-Gilad T. Age, skill, and hazard perception in driving[J]. Accident Analysis & Prevention, 2010, 42(4): 1240-1249.

[31] Ball K, Owsley C, Sloane M E, et al. Visual attention problems as a predictor of vehicle crashes in older drivers[J]. Investigative Ophthalmology & Visual Science, 1993, 34(11): 3110-3123.

[32] Forsyth E, Maycock G, Sexton B. Cohort study of learner and novice drivers: Part 3, accidents, offences and driving experience in the first three years of driving[R]. TRL Project Report, 1995.

[33] Brown I, Groeger J. Risk perception and decision taking during the transition between novice and experienced driver status[J]. Ergonomics,1988, 31(4): 585-597.

[34] LevD, Hershkovitz E,Yechiam E. Decision making and personality in traffic offenders: A study of Israeli drivers[J]. Accident Analysis & Prevention, 2008, 40(1): 223-230.

[35] 李百川,殷国祥,苏如玉.汽车驾驶员反应特性与交通事故关系的分析研究[J].人类工效学,1995,1(2): 26-31.

[36] 赵亮,刘浩学.驾驶行为特性与人格特征关系研究[J].中国安全生产科学技术,2016,12(8):171-177.

[37] 李凤芝,李昌吉,龙云芳,等.汽车驾驶员攻击性驾驶行为的心理因素分析[J].四川大学学报(医学版),2004,35(4): 568-570.

[38] 刘江,田萍,荣建,等.驾驶员气质与行车速度关系的初步研究[J].北京工业大学学报,2006,23(1): 27-32.

[39] 戴彤焱,徐宁,孙凤霞,等.道路交通突发事件下驾驶员行为特性分析[J].交通科技与经济,2016,18(5):6-29.

[40] 邢小亮,崔降龙,李璨,等.高速公路右侧硬路肩宽度对驾驶行为协调性影响研究[J].交通信息与安全,2016,201(34):30-36.

[41] 李扬.驾驶行为安全性多属性评价方法及应用研究[D].长春:吉林大学,2016.

[42] Jeong Hun MoK. Delineating traffic safety benefits of travel way corridor landscape characteristics and landscape improvements[D]. Dissertation of Texas A&M University,2003.

[43] Pierre Thiffault, Jacques Bergeron. Monotony of Road Environment and Driver Fatigue: a Simulator study[J]. Accident Analysis and Prevention. 2003(35): 381-391.

[44] F. J. J. M. Steyvers. The Measurement of Road Environment Appreciation with a Multiscale Construct List[J]. Vision in Vehicles IV. Elsevier Science Publishers, 1993: 203-212.

[45] Geoffrey Underwood, Peter Chapman, Karen Bowden, David Crundall. while driving: skill and awareness during inspection of the scene[J]. Transportation Research Part F, 2002, 5(2):87-97.

[46] Peter Chapman,Geoffrey Underwood,Katharine Roberts. Visual search patterns in trained and untrained novice drivers[J]. Transportation Research Part F, 2002,5(2):157-167.

[47] Geoffrey Underwood,Peter Chapman,Neil Brocklehurst,Jean Underwood,David Crundall. Visual attention while driving: sequences of eye fixations made by experienced and novice drivers[J]. Ergonomics,2003,46(6):629-646.

[48] T. Luke,N. Brook-Carter,A. M. Parkes,E. Grimes A. Mills. An investigation of train driver visual strategies[J]. Cognition,Technology & Work,2006,8(1):15-29,131.

[49] Jane C. Stutts, Lonald W. Reinfurt, Loren Staplin, et al. The role of driver distraction intraffic crashes[R]. AAA Foundation for Traffic Safety, 2002: 287-301.

[50] Sodhi M.,Reimer B.,Cohen J. L.,Vastenburg E.,Kaars R.,Kirschenbaum S. On-Road Driver Eye Movement Tracking Using Head-Mounted Devices[C]// EyeTracking Research and Applications Symposium. New York: ACM Press, 2002:61-68.

[51] Hiroyuki Shinoda,Mary M. Hayhoe,Anurag Shrivastava. What controls attention

in natural environments? [J]. Vision Research,2001,41(25-26):3535-3545.

[52] J. Baujon, M. Basset, G. L. Gissinger. Visual behaviour analysis and driver cognitive model [C] // Advances in Automotive Control. 3rd. IFAC Workshop. Karlsruhe (Germany):Elsevier Science Ltd. ,2001:28-30.

[53] 赵炜华,刘浩学,刘玮,等. 高速公路隧道群出入、口段驾驶人视觉特征[J]. 交通科学与工程,2011,27(3):75-81.

[54] 刘浩学,刘嘉,赵炜华,等. 公路视错觉减速标线参数优化[J]. 长安大学学报,2011,31(6):77-81.

[55] 赵炜华,刘浩学,张锁,等. 夜间动态环境中驾驶员空间距离辨识规律[J]. 交通科学与工程,2010,26(3):66-70.

[56] 郭应时. 交通环境及驾驶经验对驾驶员眼动和工作负荷的影响研究[D]. 西安:长安大学,2009.

[57] 郭应时,马勇,付锐,等. 汽车驾驶人驾驶经验对注视行为的影响[J]. 交通运输工程学报,2012,12(5):91-99.

[58] 潘晓东, 林雨, 郭雪斌, 等. 透光道路交通标志牌的原理与应用[J]. 公路交通科技,2006,23(5):118-137.

[59] 张殿业. 驾驶员动态视野与行车安全可靠度[J]. 西南交通大学学报,2000,35(3):319-322.

[60] 彭金栓,付锐,郭应时. 自然驾驶条件下驾驶人换道行为实施预测[J]. 哈尔滨工业大学学报,2015,47(9):119-123.

[61] 张嘉琦,山岩,王俊翔. 临近事故模式下驾驶人的视觉应激行为[J]. 长安大学学报,2017,37(1):100-105.

[62] National Transportation Safty Boar,Special investigation report-highway vehicle vehicle-and infrasture-based technology for the prevention of rear-end collisions[R]. NTSB Number SIR-01/01,May 2001.

[63] 石坚. 人-车-路综合环境下主动安全性模拟系统的研究[D]. 上海:上海交通大学,2000.

[64] Luke Fletcher, Nicholas APostoloff, Lars Petersson, Alexander Zelinsky. Vision in and out of vehieles[J]. IEEE ComPuter Soeiety, 2003(5):12-17.

[65] Hüseyin Abut,John Hansen,Kazuya Takeda. DSP for In-Vehicle and Mobile Systems [M]. USA:Springer,2005.

[66] N. Kaempchen. Feature-Level Fusion of Laser Scanner and Video Data for Advanced Driver Assistance Systems[D]. Germany: ULM University Doctor

degree dissertation,2007.
[67] 任保宽. 刘如迪. 国内客车安全技术发展[J]. 华东交通大学学报. 2013,30(1):80-87.
[68] 易正俊,张业亭,黄华. 基于粗糙集的道路交通事故预警算法研究[J]. 西华大学学报. 2007,26(5):26-28.
[69] 郭孔辉. 汽车操纵动力学[M]. 吉林:吉林科学技术出版社,1991.
[70] 宇仁德,张洪宾,李大龙. 道路交通安全预测与预警系统的研究[J]. 交通企业管理,2006, 216(8):42-43.
[71] 周鹏. 驾驶员疲劳事故隐患消除技术与方法[J]. 汽车电器,1998,7(4):16-17.
[72] 何存道,欣兆生. 道路交通心理学[M]. 合肥:安徽人民出版社,1989.
[73] 于涛,徐家明. 车辆前方行驶环境识别技术探讨[J]. 汽车科技,2009,11(6):22-26.
[74] 岳亮. 一种基于双目视觉的安全车距测量方法[J]. 电视技术,2013,37(15):194-210.
[75] 宋学文,张红艳,冯晓. 农村公路研究现状综述[J]. 重庆交通学院学报,2005,24(6):77-79.
[76] 交通运输部公路科学研究院,贵州省交通运输厅. 公路安全生命防护工程实施技术指南[M]. 北京:人民交通出版社股份有限公司,2015.
[77] 马勇,付锐,王畅,等. 视觉分心时驾驶人注视行为特性分析[J]. 中国安全科学学报,2013,23(5):10-14.
[78] 徐鸿. 交通安全心理学:从人的心理看如何预防汽车交通事故[M]. 成都:西南交通大学出版社,2010.
[79] 裴玉龙. 道路交通安全[M]. 北京:人民交通出版社,2007.
[80] 徐吉谦,陈学武. 交通工程总论[M]. 北京:人民交通出版社,2008.
[81] 柳坐宫,钱勇生,曾俊伟. 不同道路特大交通事故特征分析及预防对策研究[J]. 智能交通,2015,40(3):71-75.
[82] 刘文生. 道路勘测设计[M]. 北京:北京大学出版社,2012.
[83] Jake Kanonov. Road Accident Prediction. Modeling and Diagnostics of Accident a comprehensive Methodology[R]. A thesis to the university of Colorado for the degree of doctor Philosophy,2002:120-155.
[84] 王抢,朱彤,朱可宁,等. 视觉与听觉次任务对驾驶人视觉的影响及差异[J]. 安全与环境学报,2014,14(4):49-52.

[85] 袁伟,付锐,郭应时,等.基于视觉特性的驾驶人换道意图识别[J].中国公路学报 2013,26(4):133-138.

[86] 阎国利.眼动分析法在心理学研究中的应用[M].天津:天津出版社,2004.

[87] CRUNDALL D E, UNDERWOOD G. Effects of Experience and Processing Demands on Visual Information Acquisition in Drivers [J]. Ergonomics, 1998,41(4):448-458.

[88] 前川峯雄,猪饲道夫,笠井惠雄う.现代体育学研究法[M].东京:大修馆书店,1974.

[89] 郭应时.交通环境及驾驶经验对驾驶员眼动和工作负荷影响的研究[D].西安:长安大学,2009.

[90] 徐黎明,王清,陈剑平,等.基于 BP 神经网络的泥石流平均流速预测[J].吉林大学学报(地球科学版),2013,43(1):186-191.

[91] 朱大奇,史惠.人工神经网络原理及应用[M].北京:科技出版社,2006.

[92] 吕喜明,李明远.最小二乘曲线拟合的 MATLAB 实现[J].内蒙古民族大学学报(自然科学版),2009,24(2):125-127.

[93] 贾小勇,徐传胜,白欣.最小二乘法的创立及其思想方法[J].西北大学学报(自然科学版):2006,36(3):507-511.

[94] 郭佰灿,乔登攀,范凌云,等.基于高斯函数的风机特性曲线拟合及应用[J].采矿工程,2017,38(4):28-31.

[95] 吴斌,朱西产,沈剑平,等.自然驾驶工况的驾驶员紧急转向变道行为[J].同济大学学报(自然科学版),2017,45(4):554-561.

[96] 唐冲,惠辉辉.基于 Matlab 的高斯曲线拟合求解[J].计算机与数字工程,2013,41(8):1262-1297.

[97] 景天然, 杨家琪, 吴佩瑜. 道路条件与交通安全[M].上海:同济大学出版社,1990.

[98] 乔立山,王玉兰,曾锦光.实验数据处理中曲线拟合方法探讨[J].成都理工大学学报,2004,31(1):91-95.

[99] Rayner, K. , Well, A. D. , Pollatsek, A. , &Bertera, J. H. . The availabitity of useful information to the right of fixation in reading, Perception & Psychophsics, 1982(31):537-550.

[100] Rayner, K. , Duffy, S. A. Lexical complexity, and lexical ambiguity, Memory & Cognition, 1986(14):191-201.

[101] 赵亮,刘浩学. 农村公路复杂道路环境中新老驾驶人视觉特性研究[J]. 中国安全科学学报,2016,26(9):30-34.

[102] Frazier, L., &Rayner, K. Making and correcting errors during sentence comprehension: Eye movements in the analysis of structurally ambiguous sentences, Cognitive Psychology,1982(14):178-210.

[103] 李啸,鲍际平. 直线行驶过程中汽车方向盘转角的研究分析[J]. 道路交通与安全,2008,8(5):43-46.

[104] 陈良波,郑亚青. 基于最小二乘法的曲线拟合研究[J]. 无锡职业技术学院学报,2012,11(5):52-55.

[105] 裴玉龙,程国柱. 高速公路车速离散性与交通事故关系及车辆管理研究[J]. 中国公路学报,2004,17(1):74-78.

[106] 彭金栓. 基于视觉特性与车辆相对运动的驾驶人换道意图识别方法[D]. 西安:长安大学,2012.

[107] 张承标. 基于驾驶人视觉特性的冰雪道路行车安全评价研究[D]. 长春:吉林大学,2017.

[108] 王春雨. 隧道路段驾驶人视觉安全技术研究. [D]. 重庆:重庆交通大学,2013.

[109] 郭凤香,石晨光,李明远,等. 老年驾驶人在交叉口的视觉特性[J]. 中国公路学报,2018,31(9):151-157.

[110] 李航天. 草原公路交通工程设施信息量对驾驶员视觉特性的影响研究[D]. 呼和浩特:内蒙古农业大学,2017.